Gervais LOËMBE

PARLONS VILI

LANGUE ET CULTURE DE LOANGO

L'Harmattan
5-7, rue de l'École-Polytechnique
75005 Paris
FRANCE

L'Harmattan Könyvesbolt
1053 Budapest
Kossuth L.u. 14-16
HONGRIE

L'Harmattan Italia
Via Degli Artisti, 15
10124 Torino
ITALIE

Couverture : Le palmier **(li ba)** par G.Loëmbe
Arbre symbolique et emblématique vili.
« Le juste grandira comme un palmier »P.s.92, 13 La Bible

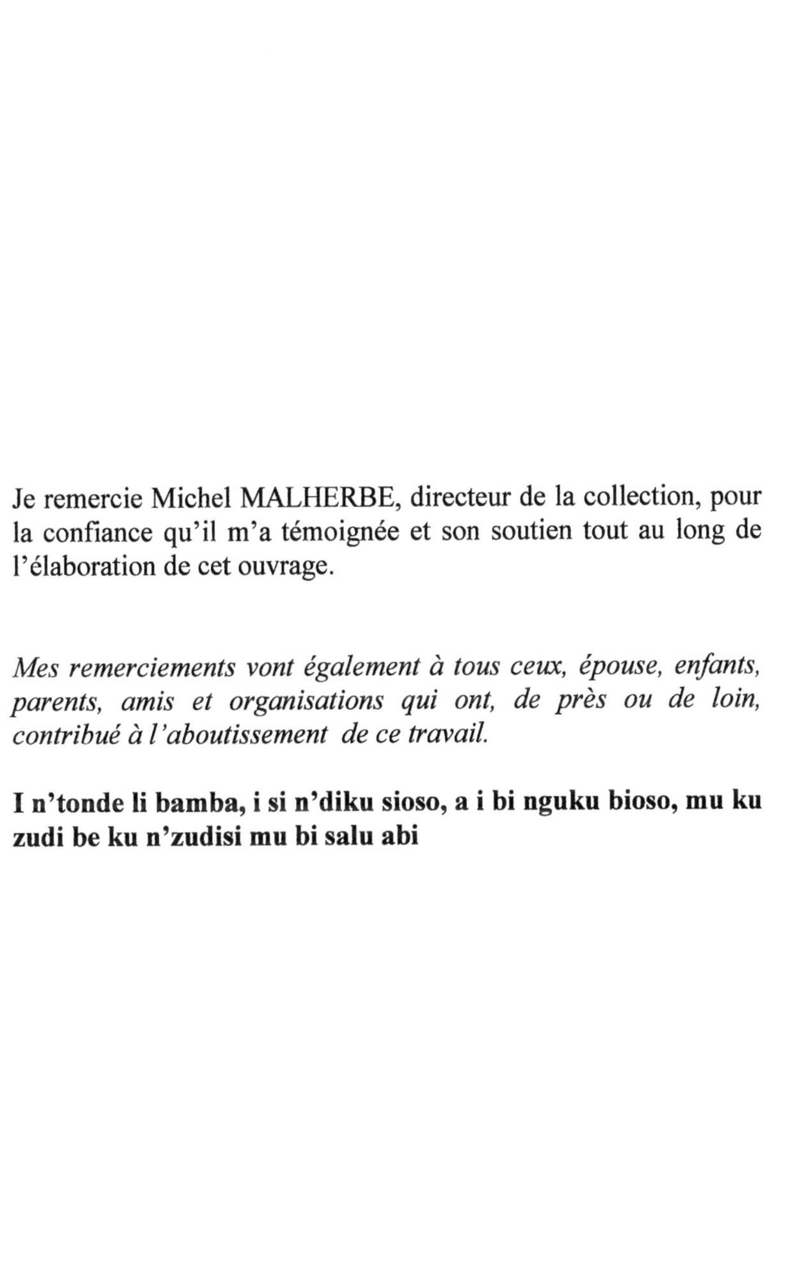

Je remercie Michel MALHERBE, directeur de la collection, pour la confiance qu'il m'a témoignée et son soutien tout au long de l'élaboration de cet ouvrage.

Mes remerciements vont également à tous ceux, épouse, enfants, parents, amis et organisations qui ont, de près ou de loin, contribué à l'aboutissement de ce travail.

I n'tonde li bamba, i si n'diku sioso, a i bi nguku bioso, mu ku zudi be ku n'zudisi mu bi salu abi

Parlons...
Collection dirigée par Michel Malherbe

Déjà parus

Parlons ciyawo, P. J. KISHINDO et A. L. LIPENGA, 2005.
Parlons afrikaans, Jaco ALANT, 2004.
Parlons Ewé, Jacques RONGIER, 2004.
Parlons bété, Raymond ZOGBO, 2004
Parlons baoulé, Jérémie KOUADIO N'GUESSAN, Kouakou KOUAME, 2004.
Parlons minangkabau, Rusmidar REIBAUD, 2004.
Parlons afar, Mohamed Hassan Kamil, 2004.
Parlons mooré, Bernard ZONGO, 2004.
Parlons soso, Aboubacar TOURÉ, 2004.
Parlons koumyk, Saodat DONIYOROVA, 2004
Parlons kirghiz, Rémy DOR, 2004.
Parlons luxembourgeois, François SCHANEN, 2004.
Parlons ossète, Lora ARYS-DJANAÏEVA, 2004.
Parlons letton, Justyna et Daniel PETIT, 2004.
Parlons cebuano, Marina POTTIER-QUIRÓLGICO, 2004.
Parlons môn, Emmanuel GUILLON, 2003.
Parlons chichewa, Pascal KISHINDO, Allan LIPENGA, 2003.
Parlons lingala, Edouard ETSIO, 2003.
Parlons singhalais, Jiinadasa LIYANARATAE, 2003.
Parlons purepecha, Claudine CHAMOREAU, 2003.
Parlons mandinka, Man Lafi DRAMÉ, 2003
Parlons capverdien, Nicolas QUINT, 2003
Parlons navajo, Marie-Claude FELTES-STRIGLER, 2002.
Parlons sénoufo, Jacques RONGIER, 2002.
Parlons russe (deuxième édition, revue, corrigée et augmentée), Michel CHICOUENE et Serguei SAKHNO, 2002.
Parlons turc, Dominique HALBOUT et Gönen GÜZEY, 2002.
Parlons schwytzertütsch, Dominique STICH, 2002.
Parlons turkmène, Philippe-Schemerka BLACHER, 2002.
Parlons avikam, Jacques RONGIERS, 2002.
Parlons norvégien, Clémence GUILLOT et Sven STORELV, 2002.
Parlons karakalpak, Saodat DONIYOROVA, 2002.

ISBN : 2-7475-8180-2
EAN: 9782747581806

« **Nuni ku dumuka ku bika lu sala,**
mutu ku fwa ku bika li bungu.
L'oiseau qui s'envole laisse une plume,
L'homme qui meurt laisse son empreinte ».

Chaque peuple possède une langue grâce à laquelle il peut transmettre son histoire et sa culture. La connaissance de la tradition n'exige pas sa perpétuation, mais elle est nécessaire à l'épanouissement culturel de chacun et, par-delà, de la société tout entière.

Dans cet ouvrage, nous avons souhaité faire connaître deux peuples passionnants et subtils : celui des Vili de Loango, et au-delà, celui des Bantous de la façade maritime ouest du Congo.

Tout au long de ce livre, nous évoquerons brièvement la culture et la langue vilie à travers son histoire, ses coutumes et ses pratiques, avec plus de mille mots et éléments de la tradition orale.

INTRODUCTION

Le vili, **tchi vili**, est la langue multi-millénaire parlée par un peuple d'Afrique Centrale, les Vili, **ba Vili**, fondateurs du royaume de Loango. Ce dernier terme, **Loango**, est d'ailleurs une autre façon de désigner cette ethnie et son parler. Il est établi que les Vili font partie du sous-groupe kongo, appartenant au groupe linguistique bantou.

Majoritairement présents dans la région du Kouilou, au sud du Congo-Brazzaville, les Vili et apparentés sont installés sur toute la façade maritime ouest de l'Afrique Centrale, dans un territoire allant du Cabinda au Gabon en passant par le Congo, jusqu'à soixante-dix kilomètres environ à l'intérieur des terres.

Leur foyer historique est Bwali ou Diosso. La ville principale, Pointe-Noire, est l'ancienne capitale politique et l'actuelle capitale économique du Congo-Brazzaville.

Le sous-groupe kongo auquel appartiennent les Vili représente 51% de la population congolaise, qui compte trois millions d'habitants.

Enfin, le vili peut être considéré comme l'un des parlers de la langue bantoue, utilisée par les Kongo du nord-ouest de l'Angola, du bas-Zaïre, du Congo méridional et du Gabon. A ce titre il est réparti au sein de trois Etats francophones (Congo-Brazzaville, Congo Démocratique et Gabon) et d'un Etat lusophone (enclave de Cabinda).

Rappelons par ailleurs que Gabon vient de **ngabu** : *boue, marécage,* terme qui désignait en vili cette contrée marécageuse, et que sa capitale, Libreville, aurait été créée par 400 esclaves vilis libérés du navire « l'Illisia ». De même, Angola vient de **un' ngolo** : *un bataillon, un groupe d'hommes forts.*

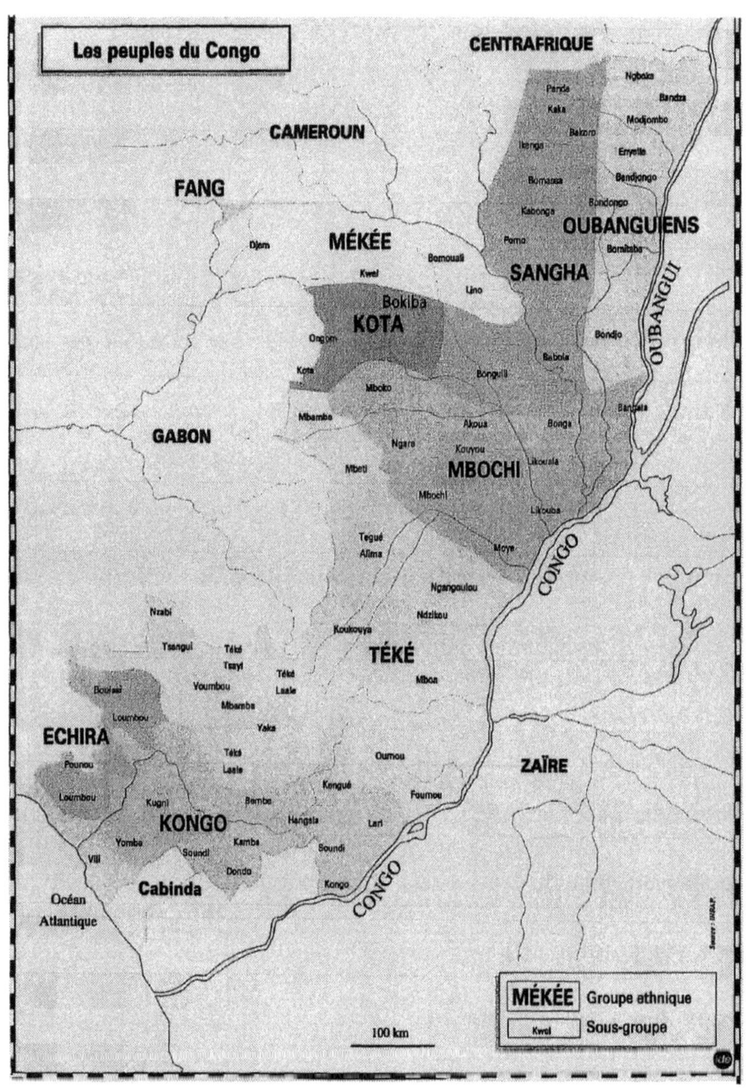
Les peuples du Congo
CENTRAFRIQUE
CAMEROUN
FANG
MÉKÉE
Djem
Kwel
Bomouali
Lino
Bokiba
KOTA
Ongom
Kota
Mbamba
Mboko
GABON
Ngare
Mbeti
Akoua
Kouyou
MBOCHI
Mbochi
Bongulli
Panda
Kaka
Bakoro
Ikenga
Bomassa
Kabonga
Pomo
SANGHA
Babola
Bonga
Likouala
Likouba
Moye
Ngbaka
Bandza
Modjombo
Enyelle
Bandjongo
Bondongo
OUBANGUIENS
Bomitaba
Bondjo
Bangala
OUBANGUI
CONGO
Tegué
Alima
Ngangoulou
Ndzikou
Koukouya
TÉKÉ
Mboa
Nzabi
Tsangui
Téké
Tsayi
Téké
Laale
Youmbou
Mbamba
Yaka
Boulassi
Loumbou
ECHIRA
Pounou
Loumbou
Téké
Laale
Oumou
Kengué
Foumou
ZAÏRE
Kugni
Bembe
KONGO
Hangala
Lari
Yomba
Kamba
Soundi
Soundi
Vili
Dondo
Kongo
Cabinda
CONGO
Océan
Atlantique
100 km
MÉKÉE Groupe ethnique
Kwel Sous-groupe

BREVE PRESENTATION DU CONGO

Le Congo est un pays situé au cœur du continent africain. Il s'étend sur 342 000 km² que limitent le Cameroun et la République Centrafricaine au nord, l'Angola et le Congo-Kinshasa au sud et à l'est, enfin, le Gabon et l'océan Atlantique à l'ouest et au sud-ouest.

Il est baigné par le fleuve Congo (nom issu de **kwango** : *le fleuve*) deuxième fleuve le plus puissant du monde après l'Amazone (avec un débit de 50 000 mètres cubes par seconde).

Sa population est de trois millions d'habitants inégalement répartis sur le territoire national. On peut estimer à un million environ la population de Brazzaville, ainsi que celle de Pointe-Noire.

Le sud renferme l'essentiel de la population. La densité du pays est l'une des plus faibles d'Afrique avec 7,9 habitants au kilomètre carré.

La faiblesse du peuplement résulte de la conjonction de nombreux fléaux tels que la traite négrière pendant plusieurs siècles, mais aussi le paludisme, la maladie du sommeil et les guerres civiles que le Congo a connu ces dernières années.

Le Congo regorge de ressources très variées :

- le pétrole dans le Kouilou à Pointe-Noire
- les ressources minières, dont celles du Niari notamment à Nfwati (**nfwati** : *un peu*), connues depuis des siècles
- la forêt qui recouvre 60% de la superficie, soit un peu plus de 22,2 millions d'hectares de forêts

La population congolaise est constituée de quatre-vingt ethnies réparties en neuf groupes dont les plus importants numériquement sont :

- les **Kongo** (51%) parmi lesquels on compte les ethnies suivantes : **Vili, Yombe, Kuni, Bembé, Punu, Lumbu, Kamba, Dondo, Sundji, Hangala, Lari, Konko, Kenge, Nyanga**
- les **Téké** (20%) comprenant environ une vingtaine d'ethnies. Ils sont vraisemblablement apparus au

VIIème siècle de notre ère et seraient les premiers Bantous fondateurs d'un royaume au Congo. A son apogée, au XIème siècle, celui-ci s'étendait de la boucle de l'Alima à la vallée du Niari qui, par ailleurs, faisait partie du royaume de Loango. Les rapports entre ces deux royaumes voisins ont toujours été excellents

- les **Ngala** ou **Mbochi** (12%) constitués d'une vingtaine d'ethnies dont les **Mbochi, Kuyu, Likwala, Moye, Bomitaba Bamgala,** qui peuplent aujourd'hui la cuvette congolaise
- les **Sangha** ou **Maka** (17%) et autres

La population africaine du Congo est à 97% bantoue et compte environ 3% de Pygmées, Oubanguiens et d'Ouest-Africains.
Les langues véhiculaires sont le lingala et le kikongo (**tchikongo**) ou **munukutuba**, appelé aussi **kituba,** parlées très couramment aussi en République Démocratique du Congo.

Au-delà des frontières de l'actuel Congo, certaines tribus du Gabon telles que les **Punu, Lumbu**, **Echira, Buisi** et « vili du Gabon » qui faisaient partie du royaume de Loango, ont une langue et des traditions similaires à celles des Vili du Kouilou. Ainsi, la compréhension entre ces ethnies est complète à quelques nuances près.

PRESENTATION DE POINTE-NOIRE

Pointe-Noire est la capitale économique du Congo-Brazzaville et le chef-lieu de la région du Kouilou. Avec sa façade maritime, cette ville représente le poumon de l'économie grâce au pétrole et aux activités portuaires.

STRUCTURE ADMINISTRATIVE

La ville de Pointe-Noire abrite une mairie centrale et des mairies annexes d'arrondissements. Elle possède quatre arrondissements principaux qui sont : Eméry-Patrice-Lumumba, Tié-Tié, M'vumvu et Loandjili. Chaque arrondissement est subdivisé en plusieurs quartiers.

Aperçu des quartiers par arrondissement

Arrondissement	Commune	Quartiers
1	***Eméry-Patrice-Lumumba***	***Ndji-dji***
		Km 4
		OCH
		Saint-Pierre
		Chic-Tchitchelle
		M'pita

- ***Ndji-dji*** est le quartier allant de l'évêché à la côte sauvage et à l'entrée du port. Il tient son nom d'une onomatopée reproduisant le bruit des vagues se brisant sur la côte que l'on entendait au loin depuis l'évêché. Une partie de la côte maritime est appelée côte sauvage à cause de la puissance des vagues et de leur fracas sur la plage.
- ***Le quartier Km 4*** est celui où se trouvent les ateliers du CFCO (Chemin de Fer Congo-Océan)
- ***OCH,*** c'est l'office congolais de l'habitat

- *Le quartier St-Pierre* doit son nom à la présence de l'église St-Pierre
- *Le quartier Chic-Tchitchelle* porte le nom du premier maire autochtone de la ville qui y habita
- *M'pita*, ancien village à proximité de Tchimbamba, fait désormais partie de Pointe-Noire. C'est là qu'est construite la Brasserie Kronenbourg du Congo

Arrondissement	Commune	Quartiers
2	M'vumvu	***M'vumvu***
		Planche
		Maténdé
		Kuiku
		Tchiniambi
		Mongo-kamba

- ***M'vumvu*** ou quartier « corbeaux » est une zone jadis arborée avec de nombreux manguiers et baobabs qui attiraient les corbeaux en grand nombre
- ***Le quartier Planche,*** appelé ainsi à cause de ses nombreuses habitations en planches, s'étend de l'église St-Christophe au pont de Loandjili sur la route nationale 1, reliant Pointe-Noire au sud du Gabon
- ***Maténdé*** est un ancien champ de tir : **maténdé** signifie coups de canon
- ***Mongo kamba*** (**mongo** : *colline*, *mont*, **kamba** : *mort)* est connu pour son cimetière

Arrondissement	Commune	Quartiers
3	***Tié-Tié***	***Ndake susu***
		Vungu
		M'bota
		Lussala
		M'paka
		Tchimbambouka
		Tchimbamba
		Ngoyo

- ***Tié-Tié*** tient son appellation des nombreux roitelets (en vili : **tié-tié**) qui pullulaient dans la zone
- ***Ndake susu*** (**ndake** : *langue* ; ***susu*** : *poule)*
- ***Vungu*** désigne en vili une crevasse au bord des cours d'eau où les poissons vont se cacher
- ***M'bota.*** Un météorite tombé dans cette partie de la ville il y a plusieurs décennies lui a valu ce nom de **m'bota** (*l'étoile*)
- ***Lussala*** (*la pluie*) est aussi le nom d'un cours d'eau
- ***M'paka*** (*doute, clôture*) est aussi un nom propre
- ***Tchimbamba*** et ***Tchimbambuka*** sont situés sur la route du Cabinda

Arrondissement	Commune	Quartiers
		Siafumu
		Mongo-mpuku
		Makaya-makaya
4	***Loandjili***	***Tchiali***
		Massambu
		Songolo
		Tandu-nsunku

- ***Siafumu***, de son véritable nom Si-Fumu : terre de prince
- ***Nvènza***, quartier aujourd'hui disparu, qui a été intégré à Loandjili. C'était le siège du District administratif de Pointe–Noire avant 1963. Ce mot est une déformation de Vincent, prénom d'un des administrateurs de l'époque, qui avait marqué la mémoire des autochtones par un comportement particulièrement sévère à leur égard
- ***Mongo-mpuku*** (**mongo :** *colline ;* **mpuku** : *souris, rats*) est situé sur la route nationale 2, en direction de la frontière gabonaise
- ***Makaya-makaya (*****makaya :** *feuilles)* Ce quartier fut désigné ainsi du fait des nombreuses feuilles qui en jonchaient le sol, un phénomène qu'expliquent les grèves répétées des éboueurs
- ***Tchiali*** (*pitié)*

- ***Massambu*** signifie *poisson salé*
- ***Songolo*** est aussi le nom d'un cours d'eau qui traverse la zone

SITUATION GEOGRAPHIQUE

Côtes : la zone côtière (169 km) du Congo-Brazzaville traverse Pointe-Noire sur le versant Ouest de la ville, du nord au sud.

Relief : non accidenté et montagneux. La ville est essentiellement située sur une zone de collines douces et de plateaux.

Climat
Pointe-Noire, située dans la partie Sud du Congo-Brazzaville est dotée d'un climat chaud et humide :
Températures annuelles moyennes entre 25 et 31° C.
Précipitations annuelles moyennes entre 200 et 300 mm.

PLAN DE LA VILLE DE POINTE-NOIRE

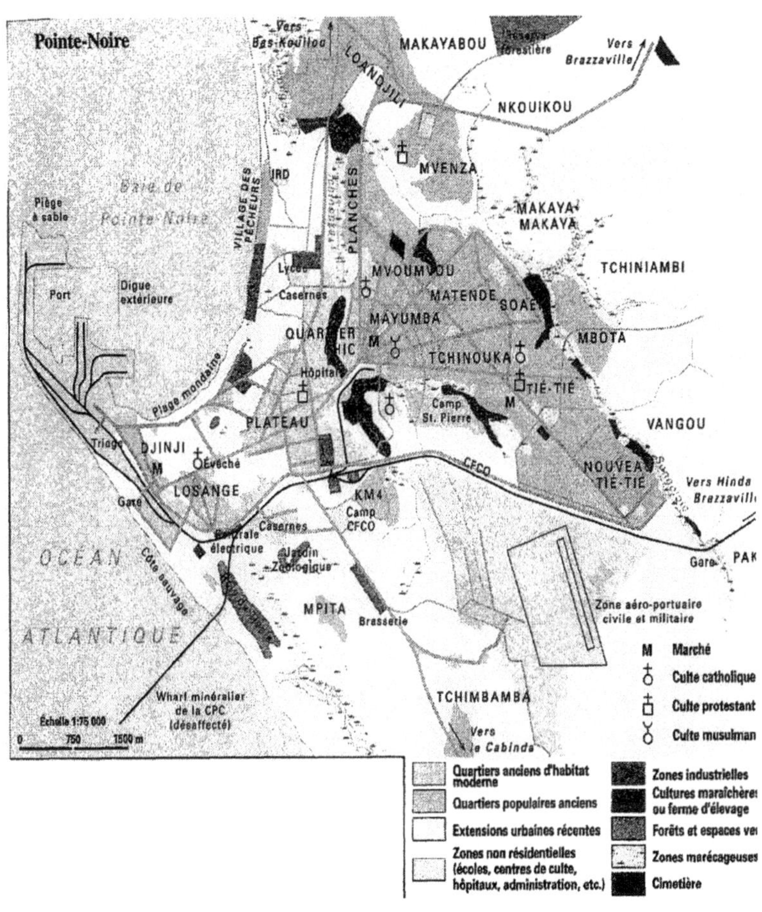

DEMOGRAPHIE

Population (totale, rurale, active...) : 900.000 habitants (chiffre approximatif en 1999) dans l'agglomération.
Population active : 350.000 habitants.
Population active rurale : 20% de la population active.

Densité de la population : < 75,8 habitants/km² (chiffre de 1990)

Taux de croissance démographique annuel : un peu plus de 10 % (estimation de ces 3 dernières années), chiffre favorisé par les récents événements politiques qu'a connus le pays.

Espérance de vie moyenne : 51 ans (alignement sur la moyenne nationale).

Ethnies
Vili : 55 %
Kongo : 25 %
Autres (toutes les autres ethnies du pays confondues) : 20 %

Religions (même chiffre que la moyenne nationale en 1998)

Catholiques :	43 %
Protestants :	30 %
Sectes chrétiennes africaines :	20 %
Autres :	7 %

Langues
Français (langue officielle)
Munu Kutuba ou kituba suivi par le vili : langues nationales.

Taux d'alphabétisation (moyenne nationale) *: 75 %*

ECONOMIE

L'économie de la Région de Kouilou et, de fait, celle de la ville de Pointe-Noire, est au carrefour d'une agriculture et d'une pêche de subsistance, d'une industrie largement basée sur le pétrole (principale ressource économique du Congo-Brazzaville) et d'un secteur tertiaire de services et de support. Toutefois, beaucoup de facteurs parmi lesquels nous citerons la fluctuation des cours du pétrole, la dévaluation, une inflation non maîtrisée, des efforts de réformes mis à mal par une certaine instabilité politique ainsi qu'une structure industrielle inadaptée, empêchent la région du Kouilou (via Pointe-Noire) de développer son poids spécifique au sein de l'économie nationale.

Ressources Naturelles : pétrole, gaz naturel, potasse, bois.

Industries : raffinerie de pétrole, transformation du bois, brasserie, verrerie, chimie.

Agriculture : riz, arachide, manioc, légumes.

Pêche : aquaculture, pêche artisanale et professionnelle.

Exportations : pétrole, bois, aliments pour bétail.

Importations : Pointe-Noire vit en grande partie de celles-ci puisqu'elle est entourée par la zone côtière et les régions du Niari, de la Bouenza et du Cabinda, qui produisent à elles seules environ 80% de la consommation de la population. Elle importe principalement des denrées alimentaires, des biens de consommation, d'équipement et des produits intermédiaires.

Taux d'inflation : 85%. Il est supérieur à la moyenne nationale : 61%.

TRANSPORTS

Chemin de fer : 185 kilomètres gérés par la Compagnie Nationale ferroviaire : CFCO.

Transport routier : 2750 kilomètres de réseau bitumé et non bitumé. La région possède en effet une partie de zone forestière.

Transport maritime avec le port maritime de Pointe-Noire.

Transport fluvial pour le bois produit dans les régions de Nkaye et du Bas-Kouilou.

Transport aérien : Aéroport International Agostinho-Neto. Compagnies nationales et Internationales : Air France, Air Gabon, Lina Congo, Trans Congo, Tac, Wac …

TOURISME

Pointe-Noire dispose d'un énorme potentiel touristique.

Parc naturel régional : l'Ile aux Singes au nord de Pointe-Noire.

Musée historique : découverte des rois à partir de Maloango jusqu'à Loango.

Forêt du Mayombe : utilisation de véhicules de tourisme pour la visite ou la chasse.

Sites touristiques : Bas-Kouilou, Tchilassi, Nkaye, Bois des singes …

Excursions : fleuve Kouilou, gorges de Diosso, survol de la région en avion de tourisme.

Chasse : possibilité de chasse de gibier à poils (singes, antilopes, buffles …) et à plumes (perdrix, tourterelles …) moyennant le permis de chasse et les autorisations nécessaires à l'activité.

Activités aquatiques : pêche sportive.

Sports nautiques : surf, body-board, planche à voile, catamaran, jet-ski.

Détente : Immenses plages de sable fin et blanc sur toute la côte, de Pointe-Noire à Conkouati.

Principaux lieux : Côte sauvage et plage nautique au large de Pointe-Noire.

Loango, Pointe indienne au nord de Pointe-Noire.

Distractions : machines à sous, bars, dancings, restaurants aux couleurs locales.

Sports : golf, équitation, arts martiaux, sports d'équipes (foot-ball, basket-ball ...)

Organismes de renseignements touristiques : *Office du Tourisme, Club Nautique, Office des Eaux et Forêts, Mairie Centrale, Préfecture.*

UN PEU D'HISTOIRE

1- LA DECOUVERTE DES CÔTES DE LOANGO

Au début du second millénaire, l'Europe est aux prises avec la peste (avec ses milliers de morts) et la famine. La guerre de cent ans oppose l'Angleterre et la France tandis que l'on assiste à la prépondérance du christianisme, l'islam se développant quant à lui dans les continents voisins …

Une recomposition du monde va se mettre en œuvre et affecter des régions paisibles et lointaines telles que celles de la côte occidentale de Loango en Afrique Centrale.

L'autorité du pape est étendue, les croisades sont lancées et la course aux épices devient une nécessité vitale pour l'économie de l'Occident. Il n'est pas exagéré de comparer son impact dans l'histoire à celui du pétrole de nos jours.

Un événement providentiel intervient alors : la publication du *Livre des merveilles* inspiré par Marco Polo en 1298 qui révèle au monde l'origine précise des précieuses épices, source de toutes les convoitises et d'un commerce extrêmement lucratif.

Le souhait des navigateurs portugais était de trouver une voie maritime qui longerait les côtes africaines jusqu'à l'embouchure du fleuve Congo (à Matadi, Boma) par cabotage. En partant de là, il serait possible de remonter le fleuve (**Kwango** en vili, qui deviendra *Congo*) pour se retrouver sur la côte orientale et gagner l'Inde et les îles Moluques. Mais cela s'avérera impossible et les explorateurs furent contraints d'aller jusqu'à la corne sud de l'Afrique, à l'endroit même où Vasco de Gama, à la tête d'une expédition, allait doubler le cap de Bonne Espérance.

C'est dans ce contexte que Diego Cao va découvrir, en 1482, les côtes de Loango. Sur cette côte se trouvait un rocher visible depuis la mer : il ressemblait à une pointe noire (*Punta nigra* en portugais) d'où l'appellation de Punta-**banda** ou Pointe-**banda** plus tard avant de devenir Pointe-Noire.

Ce rocher servira de référence aux navigateurs de passage dans la zone. Il a aujourd'hui disparu après avoir été brisé, puis utilisé dans la construction du chemin de fer Congo-Océan.

Banda est le nom vili du site qui sera plus tard dénommé Pointe-Noire.
Dans cette course effrénée aux épices, le royaume de Loango qui existait déjà depuis deux bons siècles, verra successivement séjourner sur son sol les différents protagonistes qui laisseront des traces profondes et indélébiles dans sa langue et ses traditions, dans l'ordre : les Portugais, les Hollandais, les Français et enfin les Anglais, sans oublier à un moindre niveau les Arabes.

2- LES PEUPLES D'AFRIQUE

L'Histoire de l'Afrique est encore à découvrir car nous ne disposons actuellement que de peu d'archives pour l'écrire.

De 30 000 à 14 000 av. J-C, le sud de l'Afrique connut une période froide et sèche.
L'angle de l'axe de rotation de la Terre s'étant quelque peu modifié, la température grimpa dans toute l'Afrique, sauf dans le sud. Voici 12 000 ans, le climat tropical passa d'une phase aride à des pluies abondantes. Il y a 7 500 ans, l'actuel Sahara était un territoire humide et luxuriant constituant ainsi un important carrefour de peuples.

A la fin du paléolithique, plusieurs groupes humains se sont différenciés sur le continent. Puis, au début du néolithique (environ 500 ans av. J-C), les caractères des grandes familles raciales se sont stabilisés :

1- Les négrilles dont les descendants vivent dans la forêt congolaise
2- Les boskopoïdes dont certains sont à l'origine des Bochimans du Kalahari
3- Le type négroïde dont on trouve les traces au Sahara Occidental
4- Le type caucasoïde auquel on rattache les Berbères, les Ethiopiens (couchitiques), les Somaliens et les Nilo-Hamites.

Il semble que les Africains modernes résultent du mélange de ces familles à la suite de grandes migrations qui se sont succédées.

On retrouve les traces de ces migrations dans les souvenirs issus de la tradition orale.
L'Afrique Centrale est peuplée d'un mélange négroïde et pygmoïde, les négroïdes étant majoritaires.

Les pygmoïdes. Ce sont les Pygmées (du grec *pugmaios*, « haut d'une coudée ») : nom donné depuis l'Antiquité aux populations de petite taille (1,50 m de moyenne), originaires des forêts équatoriales africaines.
Chasseurs-cueilleurs, ils occupaient les zones forestières avant l'arrivée des agriculteurs bantous à l'aube de notre ère.
De nos jours, quelques centaines de milliers de Pygmées vivent encore dans les forêts. Ils sont répartis dans les républiques du Congo, du Gabon, de Centrafrique, du Rwanda et du Congo démocratique. Ils échangent les produits de la forêt contre des bibelots, vêtements, récipients et autres avec les populations bantoues. Ils sont appelés **Boongo** par les Vili (Kongo), **Twa** au Rwanda, **Akka** dans la Likouala (Congo-Brazzaville) et la forêt de l'Ituri (République démocratique du Congo). Ils s'expriment dans la langue de leurs voisins bantous. Leur nombre diminue en raison des maladies résultant du contact avec les Bantous et de leurs mariages avec ces derniers, ainsi que de la sédentarisation.

Les Noirs d'Afrique sont les plus nombreux. On estime qu'ils parlent environ six cents langues principales en Afrique, regroupées en trois grandes familles :

1 - Les langues khoisanes;
2 - Les langues hamito-sémitiques;
3 - Les langues négro-africaines, d'une grande diversité.
Les travaux de Greenberg ont permis une classification de 730 langues et dialectes identifiés en trois familles :

- Nilo – saharienne (Tchad, République Centrafricaine…)
- Afro – asiatique
- Nigéro – congolaise ou Congo kordofanienne

Cette dernière, contenant les Bantous et semi-Bantous, est numériquement la plus importante et rassemble la majorité des langues d'Afrique noire. Dans cette famille se trouve le groupe Bénoué-Congo qui rassemble les langues bantoues.

3- LES BANTOUS

Le terme Bantou définit un groupe linguistique composé de plus de cent cinquante millions de personnes et divisé en différentes ethnies (du grec **ethnos :** *peuple.*) Chaque ethnie possède des éléments culturels et linguistiques communs à tous, mais aussi des spécificités plus ou moins marquées qui la distinguent des autres.
Les Bantous sont répartis sur plus d'un tiers du continent africain, depuis le Soudan jusqu'au rocher du Cap en Afrique du Sud, de l'océan Atlantique à l'océan indien, et totalisent environ 450 langues apparentées, selon J.Greenberg.

Ces langues, d'abord appelées langues cafres, ont ensuite été appelées par Wilhem Bleek (1827-1875) **ba ntu** (en deux mots),
ntu : *tête* **;** **ba ntu** : *les têtes, les personnes*
mu ntu : *une tête*
muntu désigne une personne, une tête
avant de devenir **bantu** (en un seul mot) ou bantou. Elles sont plus rarement désignées sous le vocable langues d'Afrique ou **ba**-langues.

Probablement, suite aux changements climatiques et à des habitudes ancestrales, les Bantous se sont déplacés à partir de leur foyer d'origine entre l'actuel Cameroun et le Nigeria, vers l'est du continent puis ont entamé une migration vers le sud. Ces populations maîtrisant la technique du fer ont pu repousser les peuples constitués par les Négrilles et les Khoisans et occuper l'espace qui est actuellement le leur. Deux ou trois millénaires ont été nécessaires à cette installation.

a) Les grandes dates des civilisations bantoues

Dates	Evénements communs au monde bantou
- 8000	Période d'extension maximale du Sahara humide
-5000	Les groupes humains parlant les langues bantoues entreprennent des migrations à partir de leur foyer d'origine entre l'actuel Cameroun et le Nigeria
- 4000 à - 2000	Expansion, occupation de la forêt
- 2800	Les peuples chasseurs-cueilleurs vivent encore au sud du Soudan
- 1600 à +500	Occupation du bassin du Zaïre (cuvette du Congo, site de Mamboyo, cuvette de l'équateur)
- 100	Les peuples bantous campent dans toute l'Afrique du Centre et du Sud L'agriculture confère aux Bantous une supériorité numérique par rapport aux peuples chasseurs-cueilleurs
- 500 av.J-C à + 750 ap. J-C	Fin des migrations bantoues en Afrique Australe

b) Les langues bantoues

Elles représentent la plus importante des familles de langues négro-africaines et la septième en importance dans le monde.
Une vingtaine de langues bantoues est parlée par plus d'une centaine de millions de locuteurs. Citons-en quelques-unes :

- Le **swahili**, parlé par plus de trente-cinq millions de personnes dans les pays suivants : Tanzanie, Kenya, Ouganda, Congo-Kinshasa, Rwanda, Burundi, Comores, Mozambique, Somalie, Afrique du Sud
- Le **lingala**, parlé et surtout chanté dans l'Afrique toute entière et dans le monde par huit millions de locuteurs de Centrafrique, du Congo-Brazzaville et de la République Démocratique du Congo
- Le **kikongo**, parlé par six millions de personnes de l'Angola, et des deux Congo
- Le **mbundu** et le **kimbundu**, parlés en Angola par sept millions de locuteurs
- Le **tchiluba**, parlé par environ six millions de personnes de la Rép. D. du Congo
- Le **kinyarwanda-kirundi**, parlé par plus de quinze millions de locuteurs au Rwanda et au Burundi
- Le **zulu** parlé par neuf millions de personnes en Afrique du Sud
- Le **shona**, parlé par sept millions de locuteurs au Mozambique, en Zambie et au Zimbabwe
- Le **kikuyu**, parlé par près de cinq millions de locuteurs au Kenya

L'ensemble des locuteurs bantouphones couvre une vingtaine de pays d'Afrique. Dans les pages qui suivent, nous nous efforcerons d'établir quelques-unes des nombreuses similitudes existant entre ces langues, en mettant en exergue le cas spécifique du vili.
Quelques séjours en Afrique Australe et Centrale ont permis à l'auteur de se rendre compte de la réalité d'un fond culturel et linguistique relevant certainement d'une origine, sinon commune, du moins fort proche.

Selon la classification de Bryan et de Murdock, il existe quatorze groupes parmi lesquels on distingue, les Bantous du nord-ouest de l'équateur, les Bantous mongo du centre, les Bantous de la côte nord-est, les Bantous des hautes terres du Kenya, les Bantous interlacustres de Tanzanie, les bantous du Zambèze moyen, les bantous du sud-ouest, shona, thonga, nguni, sotho.
Dans les groupes bantous du Centre on relève huit sous-groupes : Kongo, Kimbundu, Kwango, Kasai, Chokwé-Luda, Bemba, Maravi, Yao-Makua.
Dans le sous-groupe Kongo, on dénombre vingt-huit langues dont le vili ou fiote.

Le fond linguistique commun des Bantous a mis en évidence une similitude de certains termes :

- *éléphant* : **nzau** (vili), **nzagu** (punu), **nzo** (téké), **nsofu** (bemba), **ndojovu** (swahili)…

- *hippopotame* : **ngubu** (vili), **imvubu** (zulu), **nguuu** (kikuyu), **ngubi** (basa), **ngubu** (mbochi), **mvubu** (téké), **envubu** (luganda)

- *crocodile* : **ngandu** (vili), **ngan** (basa), **nganu** (téké), **ngandu** (kimbundu), **nguane** (sakata)

- *léopard* : **ngo** (vili), **ngoi** (bobangi), **ngo** (téké), **nge** (luba), **ze** (bulu), **ingwe** (zulu), **njee** (basa)

- *singe* : **tchima** (vili), **kima** (swahili), **inkima** (rwanda), **nkima** (téké)

- *antilope* : **mvuli** (vili), **mvuli** (téké), **e-mvul** (bulu), **mvulu** (mbochi)

- *champignon* : **buku** (vili), **bogu** (punu), **bowa** (songye), **bwo** (téké), **vio** (bulu)

- *calebasse* : **mbinda** (vili), **mbenda** (mbochi), **mbenda** (bobangi)

- *bovin* : **ngombi** (vili), **ngombe** (swahili), **ngombe** (kimbundu), **nyak** (bulu), **nyare** (mpongwe), **nare** (sotho).

- *canidé* : **mbwa** (vili), **mbwa** (swahili), **mva** (sakata), **mbua** (kimbundu), **mbwa** (téké), **embwa** (luganda)

- *forgeron* : **fula nfusi** (vili), **mu sudi** (kimbundu), **mfusi** (swahili)

- *charbon de bois* : **li kala**–ma kala (vili), **makala** (kimbundu), **ikara-amakara** (rwanda), **kala** (téké), **ekaa** (kenya), **likala** (tétéla), **digala** (punu)

- *minerai de fer* : **butali** (vili), **butale** (luba du Shaba), **ubutare** (rwanda), **butadi** (kuba)

- *hameçon* : **nzolo** (vili), **doba** (zulu), **lop** (basa), **ndobo** (luba), **llop** (kuba), **lilobo** (bobangi)

- *pirogue* : **bwatu** (vili), **bwato** (bobangi), **wato** (shona), **bwatu** (likuba)

- *époux* : **un' nuni** (vili), **molomi** (bomitaba), **mu-rume** (kikuyu), **mu-lume** (kimbundu), **olomi** (mbochi)

- *enfant* : **mwana** (vili), **muna** (douala), **mwana** (mbochi), **umwana** (rwanda), **mwa-na** (téké), **wana** (swahili)

- *guerre* : **vita** (vili), **vita** (swahili), **bila** (duala), **bobita** (bobangi), **ita** (kimbundu)

- *tambour à membrane* : **ngoma** (vili), **longomo** (likuba), **ngoma** (luba), **engoma** (luganda), **ngom** (basa), **ngom** (bulu, kuba), **ingoma** (rwanda), **ngoma** (swahili)

- *Prêtre, devin, sorcier* : **ngange** (vili), **nganga** (douala), **ngan** (bulu), **nganga** (kibundu), **mganga** (swahili), **inyanga** (zulu), **umuganga** (rwanda)

Nous pouvons remarquer, grâce à ces exemples, la similitude phonologique de certains termes vilis et d'autres parlers bantous qui n'ont parfois aucune frontière commune, comme c'est le cas pour les ethnies du Rwanda, le swahili, le kimbundu, le luba, etc.

c) Chronologie de quelques événements des Royaumes de Kongo et de Loango

XIIIème siècle	Arrivée présumée des premiers groupes Kongo (vers 1275)
XIVème siècle	Partis de Mbanza-Kongo, des clans vilis arrivent accompagnés des Buvandji, forgerons conquérants, fondateurs du royaume vili de Loango (fin XIVème début XVème, donc fort peu de temps après la fondation du Kongo) Début du règne des neuf rois-forgerons Buvandji sur le Loango
1473-1482	Découverte de la « Baie d'Angra » à 3°25 sud de latitude (Mayumba, Pointe Kouango et Banda-Pointe)
1482	Diégo Câo découvre l'embouchure du fleuve Congo ou Zaïre
1490-1491	Les missionnaires franciscains s'établissent à Banza-Kongo qui devient San Salvador. Conversion du Mani-kongo au catholicisme : Nzinga Nkuwu baptisé le 3 mai 1491 devient Don Joâo 1er.
Vers 1490	A cette date tardive seulement, des bateaux portugais de retour du Kongo découvrent, sans

	doute un 4 août (fête de saint Jacques), « Praia Formosa » de Sâo Domingo » **(Loango)** ainsi que « Punta-Negra » (Pointe-Noire) et « L'ancrage de l'Indien » : Pointe indienne
Fin du XVème siècle	Fin de règne des rois Buvandji Première crise institutionnelle de Loango. Longue régence. Fin de l'absolutisme royal. Début de la seconde dynastie. Une théocratie féodale fait suite à l'absolutisme
A partir de 1500	Prépondérance des Vili du Loango dans la vallée du Niari
1517-1526	Construction de la cathédrale de San-Salvador. La capitale du Kongo comptera bientôt douze églises
1526	Alfonso 1er écrit à Joâo III du Portugal pour se plaindre des « exactions » des négriers portugais
XVIe siècle	Règne de la seconde dynastie (depuis la fin du XVème siècle et le début du XVIème siècle)
1570	Début des échanges commerciaux entre les Portugais et le royaume vili du Loango. Ils se font par cabotage entre Luanda et Loango. Ils sont destinés à fournir la garnison de Luanda en bois rouge de Mayumba, produits vivriers, pièces de tissus végétaux faisant office de monnaie.
1575-1600	Insécurité dans la vallée du Niari-Kouilou sillonnée par les Jaga (Yaka) refoulés du Kongo
1580	Début de la présence maritime et économique des Hollandais sur les côtes du Loango, où ils ne tardent pas à supplanter les Portugais
1584	Première apparition du nom de Loango sur les cartes

1587-1600	Fin de la « vassalité » du Loango vis-à-vis du Kongo (dès 1587, un texte évoque « *Le Loango, dont le roi était jadis vassal du manikongo.* »)
A partir de 1600	Plus aucune autorité du Makongo sur le Ma-loango (roi de Loango.) Suite des migrations kongo dans la vallée du Niari-Kouilou : les Kuni, Sundi, Kamba, Bémbé, etc…, chassés par les désordres du royaume de Kongo, investissent la vallée du Niari
1600-1630	Trafic portugais au Loango : cuivre, ivoire, bois rouge, poivre, raphia
1600-1640	Trafic hollandais (depuis 1580) : ivoire, bois rouge, poivre.
1607	Les provinces sud du Loango, le Cagongo et le Ngoyo, deviennent indépendantes du Loango comme du Kongo
1624	Les Vili du Loango sont seuls maîtres de la vallée du Niari et des mines de cuivre du Boko-Songo (Hypothèse M.C. Dupré.)
1630-1636	Début de la traite des Noirs par les Hollandais, sur les côtes du Kongo et du Loango
1636	Indépendance effective de l'ancienne province du Sonho (Kongo) déjà largement autonome depuis 1491
1640	Affirmation de l'existence des voies de commerce du Loango vers le royaume téké (Loango-Pombo, actuellement région du Pool-Brazzaville). « Piste des caravanes » dans la vallée du Niari-Kouilou en direction du royaume Kongo (Loango-Luanda et Loango-San Salvador). Inquiétudes portugaises
1641	Don Garcia II (1641-1661), le plus grand des Manikongo, monte sur le trône. C'est le début du « différend minier». Les Portugais désirent avoir

accès aux mines du royaume du Kongo. Devant le refus du Manikongo, les Portugais, aidés par les Jaga envahissent le royaume du Kongo. Ce dernier est momentanément sauvé par le débarquement hollandais sur les côtes du Kongo et d'Angola.
A la recherche de territoires qui leur permettent de fournir des esclaves à leurs nouvelles colonies du Brésil (Pernambouc et Paraiba), les Hollandais débarquent au Kongo et chassent les Portugais de Luanda

1649-1664 Les Portugais reprennent leurs exigences sur l'accès aux mines du Kongo. Les relations avec le Manikongo ne cessent de se dégrader

1649 Au Loango, le Ma-loango cède aux pressions et autorise la traite à partir de son territoire. Cependant, il est exclu que les Vili puissent être vendus comme esclaves. Le commerce portugais et hollandais se poursuit de concert sur les côtes du Loango (avec une prédominance hollandaise).
La traite s'intensifie à partir du Loango

Vers 1650 Arrivée présumée des Nkomi sur la lagune du Fernan-Vaz. Leur tradition orale dit qu'ils y ont trouvé les Vili. La frontière Nord du Loango signalée par les navigateurs, les cartographes et les compilateurs, est située au Cap Sainte-Catherine

1660 Deuxième crise institutionnelle du Loango.
La deuxième dynastie est scindée en deux clans rivaux. La monarchie devient élective. Le pouvoir réel est entre les mains des fumu-si (chefs de terre). Début de l'apogée du royaume Loango (jusqu'en 1760). Les Vili du Loango contrôlent l'extraction du cuivre de la vallée du Niari. Trafic vili et voies de traite vers le marché de « Bukkameale », situé entre Sibiti et Zanaga (esclaves, ivoire), et au-delà, vers les marchés de : Likouba (confluent Congo-Alima), Pombo

	(Stanley-Pool), Bolobo (Téké), Manianga (sur le Congo, vers le sud, royaume de Kongo et Angola)
1660-1670	Développement de la traite des Noirs au Loango. A partir de 1650, les Vili abandonnent progressivement le commerce de l'ivoire et du cuivre
1670	Début de la traite anglaise et française au Loango
1678-1703	Abandon de San-Salvador par le Manikongo
1680	La direction de la « Compagnie Royale Africaine » envisage de créer une factorerie au Loango, mais les lois du royaume s'y opposent. Toutes les opérations de traite doivent rester sous le contrôle des fonctionnaires royaux. Les étrangers ne sont pas autorisés à fonder des établissements fixes sur le territoire Loango
1686	Début d'atomisation du royaume de Loango. Dapper écrit que Kakongo et le Ngoyo sont « sous la protection » du roi du Loango, mais ne payent pas de tribut. Ils étaient autrefois leurs vassaux, mais ils secouèrent le joug, peu de temps après que les rois du Loango se furent rendus indépendants des rois du Kongo
1700-1760	Apogée du Loango et de la deuxième dynastie, sous le contrôle des fumu-si. C'est une période de traite négrière intensive
1740	Traite : concurrence effrénée des négriers européens (surtout anglais et français) et américains au Loango, Ngoyo et Kakongo. Le Loango exporte des esclaves Montèque (Téké) et Quibangue (Boubangui). Le Ngoyo et le Kakongo exportent des esclaves Congues (Kongo). Le Kongo et l'Angola sont devenus les réservoirs

de ressources des colonies portugaises d'Amérique (Brésil)

1750-1800 Zone de traite dominante sur les côtes d'Afrique : du Cap-Lopez à Benguela.
Apogée de la traite au Loango

1756-1763 Guerre de 7 ans en Europe. Chute temporaire du trafic de la traite

1760 Troubles graves au Loango. Sous l'effet de la traite, une sorte de « révolution bourgeoise » a lieu. Un autre pouvoir se substitue dans les faits à celui, théocratique et féodal, des fumu-si et marginalise encore davantage le pouvoir royal du Maloango

1760-1800 Décadence politique du Loango. Le royaume s'engage dans un processus d'atomisation totale. Les premières factoreries sont autorisées à s'installer à demeure

1766-1777 Premier essai d'évangélisation du royaume de Loango par des missionnaires nantais. Le Père Belgrade débarque au Loango le 10 septembre 1766. Cette première tentative d'évangélisation du Loango se termine dix ans plus tard sur un constat d'échec

1775 De 14 à 20 bateaux mouillent en permanence dans la rade de Loango (il faut environ 6 mois pour remplir un « négrier » de 500 esclaves.)

1784 Un escadron français détruit le port portugais de Cabinda (Ngoyo.) Par ce geste, la France affirme sa volonté de maintenir sa prépondérance sur la « Côte d'Angola » et d'assurer la liberté du commerce jusqu'à Saint-Paul de Luanda

1789-1791	Début de la révolution française. Au Loango le trafic atteint 14.000 esclaves par an (moyenne de la deuxième moitié du XVIIIème siècle : 5.000 esclaves par an.) Cultures intensives de canne à sucre et de caféiers à Saint-Domingue, l'actuel Haïti
1791-1815	Mouvements anti-esclavagistes et réactions contre la traite en Angleterre. Guerres de la Révolution et de l'Empire en Europe. La France est pratiquement éliminée des côtes d'Afrique par l'Angleterre. Intensification de la traite anglaise, mais qui se manifeste surtout, à cette époque, sur les côtes d'Afrique occidentale. Fin de l'apogée économique du Loango
1800-1885	La traite des Noirs va être progressivement remplacée au Loango par le commerce du caoutchouc, de l'huile de palme, de l'ivoire, du bois rouge, etc... Mais ce trafic, de moindre importance économique, n'est pas en mesure d'enrayer le déclin et la désagrégation du pays, jusqu'en 1883
1815	Congrès de Vienne. Interdiction de la traite au nord de l'équateur. La traite est « tolérée » au sud de l'équateur « afin de fournir aux colonies portugaises la main-d'œuvre nécessaire. »
1818-1836	Recrudescence de la traite légale du Cap-Lopez (actuel Port-Gentil) au sud de l'Angola (conséquence logique des décisions du Congrès de Vienne.) Le voyageur anglais Bowdich, naviguant entre les estuaires du Gabon et du Congo, compte 22 navires de traite faisant voile pour Mayumba (1818). L'Angola, le Kongo, le Sogno, le Ngoyo, le Kakongo, le Loango et le sud-ouest de l'actuel Gabon deviennent alors les plus grands marchés de toute la traite africaine

1846	Capture, par la marine française, au large de Loango, de l'interlope brésilien « l'Ilizia ». Ce bateau négrier a chargé 400 esclaves, en majorité vilis, près de Loango. Ce sont les survivants de cette aventure qui formeront la « commune de Libreville », fondée en 1850 au milieu des villages mpongwé de l'estuaire du Gabon
1850	Fondation de « Libreville » (voir plus haut). La ville qui va désormais porter ce nom est à la fois l'héritière des villages (ou royaumes) mpongwés de l'estuaire du Gabon, de la « commune libre » des esclaves libérés de « l'Ilizia », du « Port d'Aumale » et des missions catholiques et protestantes de Sainte-Marie et Baraka
1870	Fondation de la mission catholique de Landana (Kakongo) par les Pères Duparquet et Carrie. La mission de Landana tentera de réévangéliser l'estuaire du Congo
1879-1882	Deuxième voyage de Brazza. Deuxième remontée de l'Ogooué. Fondation de Franceville. Traversée des plateaux batékés congolais (Kukuya et Djambala.) Arrivée sur le fleuve Congo par la vallée de la Léfini. Traités « Makoko », à Mbé. Fondation du poste de Nkouna (future Brazzaville) sur le Stanley-Pool
1883	Fondation de la mission catholique de Loango par le Père Carrie, ancien supérieur de Landana. Etat d'anarchie sur les côtes, aux mains d'une multitude de « mafouques » (Intendant général de commerce) et de factoreries qui se disputent le pouvoir. « Scramble » ou « course au clocher » entre les puissances occidentales (Belgique, France, Allemagne, Angleterre, Portugal) qui cherchent toutes à s'assurer, en Afrique, les meilleures positions stratégiques

1883	Troisième voyage de Brazza, plus connu sous le nom de « Mission de l'Ouest africain » Création de « postes » chargés en grande partie de désenclaver Brazzaville
Mars 1883.	La mission Cordier, composante de la « Mission de l'Ouest africain », débarque au Loango. Signature de « traités » passés entre le commandant Cordier et le Maloango ainsi que les principaux mafouques de la côte (Pointe-Noire), Fin de l'indépendance du royaume de Loango
1883	Dolisie (Mission de l'Ouest-africain) effectue la première liaison Loango-Brazzaville par la piste des caravanes (Niari-Kouilou)
1884-1900	La mission de Loango, qui est le siège de Mgr Carrie, « vicaire apostolique du Congo français ou Loango » (détaché le 21 octobre 1886 du « Vicariat du Gabon ou Libreville »), fonde de nombreuses missions dont : Mayumba (1888) Sétté-Cama (1890) L'évangélisation des Vili, Lumbu, Vungu, Yaka et Nzébi du Gabon est partie de Loango à cette époque
1884	Conférence de Berlin. Partage de l'Afrique entre les puissances européennes. Le royaume de Cama (Fernan-Vaz), le Sétté-Cama, le Mayumba et le royaume de Loango reviennent à la France, ainsi que l'arrière-pays : Haute-Ngounié, Monts du Chaillu, plaine du Niari-Kouilou et rive droite du Stanley-Pool. Tous ces territoires entrent dans l'entité coloniale plus vaste qui prend le nom de Congo français et qui englobe les futures républiques du Gabon et du Congo-Brazzaville. Capitale : Libreville

L'ancien royaume du Kongo est démembré : la totalité du territoire, moins les provinces du Nord-Est est rattachée à la colonie portugaise d'Angola. On y joint l'ancien royaume du Kakongo qui prend le nom d'enclave du Cabinda.
Les provinces du nord-est et l'ancien royaume de Ngoyo sont rattachés à l'Etat indépendant du Congo, propriété personnelle de Léopold II, avant de devenir respectivement le Congo-Belge, le Zaïre puis à ce jour la République Démocratique du Congo

Le rappel chronologique de ces événements nous montre à quel point le royaume vili de Loango était impliqué dans les échanges commerciaux et les bouleversements géopolitiques en cours dans le monde.

Localisation
des anciens royaumes de Kongo, Loango, Kakongo, Ngoyo et Vungu

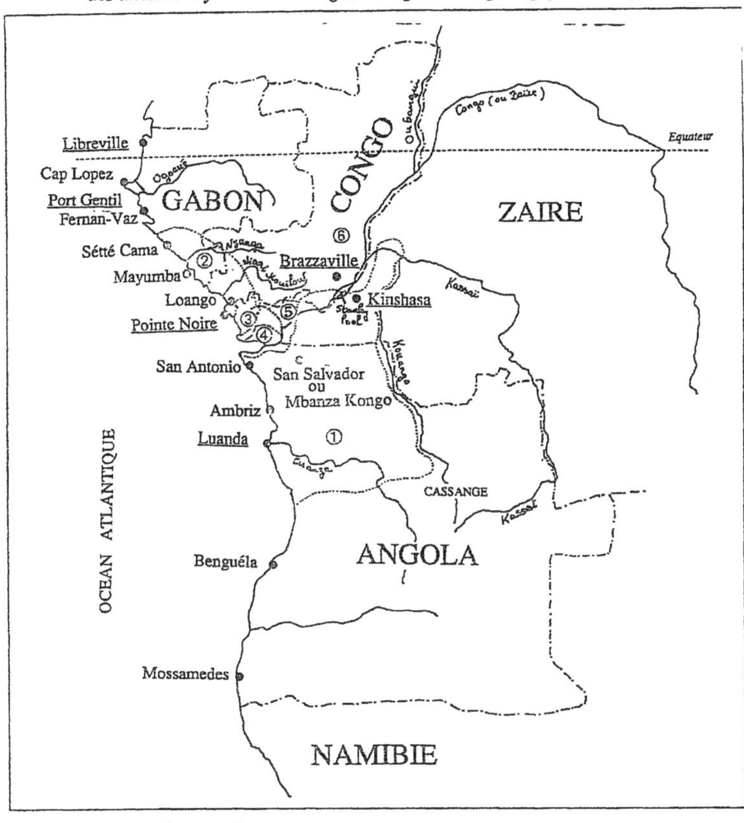

Ogooué : fleuve
: frontières des États modernes
: frontières des anciens royaumes
PORT-GENTIL villes modernes
Ambriz villes anciennes

① Royaume de Kongo
② Royaume de Loango
③ Royaume de Kakongo
④ Royaume de Ngoyo
⑤ Royaume de Vungu
⑥ Royaume Téké-Tyo ou d'Anzico

4- LES VILI

Les origines

Les éléments de tradition orale et les sources bibliographiques situent la terre d'origine des Vili dans la région de **Kongo dia Nthotila** ou **Mbanza Kongo**, actuelle San-Salvador, capitale de l'ancien royaume du Kongo.

Ces groupes de personnes, **nkonge bantu,** partis du pays de Nok (actuel Nigeria) ont migré et se sont établis vers l'an 1000 dans l'actuel Angola, après avoir effectué un détour vers le sud-est.

- **nkonge** : *groupe, caravane, convoi*
- **konge** donnera par déformation phonétique **kongo** et **bantu** désignera désormais le nom de ce peuple migrant.

Au terme de son périple dans cette zone d'Afrique Centrale, ce groupe Kongo porteur de la civilisation du fer va s'imposer aux populations autochtones pygmées. Il s'organise ensuite en un royaume aux XIIème et XIIIème siècles après avoir fédéré un grand nombre d'ethnies, ce sera le royaume du Kongo.

La plupart des traditions font de **Niémi Lutchiéni** le fondateur de cette civilisation du Kongo.

- **Niémi** : *vanter, montrer*
- **Lu tchéni** : patrimoine mystique (pl. : **si tchéni**)

En vili, **lutchiéni** vient de **ku tchiénika** : *briller*

Lu tchiéni (pl. : **si tchéni**), symbolise tout artifice matériel ou mystique qui peut contribuer à l'embellissement ou à l'enrichissement de quelqu'un. Par exemple les pommades, laits de beauté sont des « **si tchéni** », mais ce mot revêt tout son sens au niveau mystique. Ici, le roi, appelé **Lutchéni,** s'identifiait pleinement à ce fétiche. Il devait sans doute être beau, élégant, imposant et riche.

Les royaumes de Loango et Kongo sont issus du même royaume Vungu situé dans la zone du Mayombe méridional aux Xème et XIème siècles. Les similitudes culturelles et linguistiques perçues dans les parlers des différentes régions du Kouilou, du Niari, de la Bouenza, du Pool au Congo, mais aussi du Cabinda et d'une partie du Gabon et du Congo Démocratique mettent en relief cette origine commune.

Le grand royaume Kongo compta neuf provinces dont trois se séparèrent très tôt pour s'ériger en royaumes indépendants : le Ngoyo, le Kakongo (Cabinda) et le Loango (pays Vili).
Au sein des Kongo, se distingua la corporation des forgerons **(sundji)**. Forte du prestige relevant de son rôle civilisateur dans toute l'histoire culturelle et politique de l'Afrique Centrale et Australe, elle va marquer ces différents Etats de son empreinte.

La légende fait de Ngola Mousouri le fondateur du royaume d'Angola et c'est lui qui lui donna ce nom.
- **Mousouri** est une déformation de **musundji** (**mu sundji**) qui veut dire *forgeron*
- **ngola** ou **ngolo** est *un bataillon, un groupe armé.* La prise en compte de cette traduction nous permet de dire qu'en fait **ngola mu sundji** désignait *un bataillon de forgerons* qui aurait conquis cette région et fondé ce royaume d'Angola à l'image de ce qui allait se passer quelques décennies plus tard avec le clan des **Buvandji** et le royaume vili de Loango.

Il en va de même du royaume de Ndongo, précurseur de celui d'Angola probablement lié à l'esclavage et peut-être même créé par ou pour les esclaves. En effet, tout esclave qui y parvenait se retrouvait libre. **Ndongo** veut dire *esclave.*

La célèbre **Zinga** qui y régna sous le nom de Doña Béatrice après s'être convertie, et avoir été baptisée, s'opposa énergiquement au pouvoir portugais, excédée qu'elle était par les exactions des esclavagistes portugais. Ceux-ci finirent par prendre le dessus dans cette longue et tenace confrontation et la capturèrent. Elle fut brûlée sur un bûcher, comme Jeanne d'Arc plusieurs décennies plus tôt. Ses dernières paroles furent « **simbanu li vita** ! **simbanu li vita** » ce qui se traduirait par « *Continuez la lutte ! Continuez la lutte !* » Cette grande héroïne fut surnommée plus tard par déformation linguistique « **Tchimpa vita** » ou la « *Jeanne d'Arc noire.* »

Nous voyons à travers ces exemples à quel point la connaissance de la langue contribue à apporter un éclairage nouveau et des indices complémentaires pour mieux pénétrer toute la complexité de l'histoire de cette région.

- **Sudji :** *forgeron,* donnera son nom à une ethnie installée sur les gisements miniers de **Fwati** et **Kimongo**
- **Nganga :** *maître* ou *maître artisan*
- **Mani** : *pierre, référence, chef*

Ce parti de forgerons va s'organiser et se structurer :

- En une branche armée et opérationnelle constituée d'ethnies sachant élaborer les outils et les armes tels que les **sudji** ; d'autres, plus adroits dans le maniement des armes, vont constituer des bataillons de guerriers, tels que les **Bémbé**
- En une autre branche, spéculative, plus politique et plus mystique. C'est dans celle-ci, regroupée en une puissante confrérie, que l'on retrouvera les Vili, fondateurs de Loango.

A la suite de la scission avec le royaume de Kongo, une importante partie des Woyo qui peuplaient l'actuel Cabinda, s'appuyant sur une puissante confrérie de forgerons et de guerriers redoutables du clan des **Buvandji**, s'intalla sur la façade maritime atlantique où ils s'imposèrent et prirent le pouvoir. Ils se désignèrent comme l'autorité, l'ordre, le commandement, ce qui se dit en vili **loangu** qui deviendra **Loango.**
Avant l'arrivée des Vili, les populations locales de cette aire étaient les **Lumbu**, **Yombé**, **Kuni**, **Dondo**, **Kamba**, **Punu**.
Les Lindji, Kotchi et Woyo qui peuplent aujourd'hui le Cabinda sont les plus proches des Vili.
Le Loango s'étendait du Cap Sainte-Catherine jusqu'à Loango Louise et était limité à l'est par le royaume Batéké.
Ces liens ancestraux sont rappelés par le dicton suivant :
« **Makongo un' nuni**, *Makongo est le mari*
Mangoyo nthomi, *Mangoyo est le prêtre*
Maloango nkasi, *Maloango est la femme* »
En effet si **Ma Kongo** (souverain du Kongo) est le mari, c'est qu'il y a une épouse, et c'est **Ma Loango**. Ceci ne signifie pas que les rois furent homosexuels, mais il s'agit d'un mariage de pouvoir, d'une alliance tripartite, d'un traité de coexistence pacifique, de non-agression. Dans ce « mariage », **Makongo** est le mari symbolique, **Ma ngoyo** le prêtre symbolique, **Ma loango** l'épouse symbolique. Dans cette union tripartite, la place du **Ma Loango** en tant qu'épouse ne traduit en rien une infériorité, bien

au contraire : chez les vilis, le pouvoir réel, mystique appartient à l'épouse.

On trouve dans le Kouilou une grande homogénéité linguistique entre les différentes ethnies citées ci-dessus.
Les villages dans lesquels se trouvent les Vilis sont :
Madingo-kayes, Tchilunga, N'longo-bondi, Ntandu yumbi, Tchisanga, Ntupu, Lendji, Buéti, Mpili, Hinda, Makola, Tchitondi, Bambala, Nanga, Tchivula, Nkumbi ou Tangu mbata, Dioso, Mabindu, Lubu, Mpili tchisékini.

Les Lumbu et Punu étaient surtout dans les villages suivants :
Nkola, Tchisika, Tchibuya, Nkonguati, Ntié-tié.

Les villages yombés sont :
Kakamuéka, Numbi et quelques autres villages du Mayombe (forêt équatoriale).

Les Lindji sont dans les villages suivants :
Futa, Tchamba-nzasi, Kota-bitéfa.

Les **Kotchi** et **Moyo,** présentant de grandes similitudes linguistiques avec les vili, sont au Cabinda.

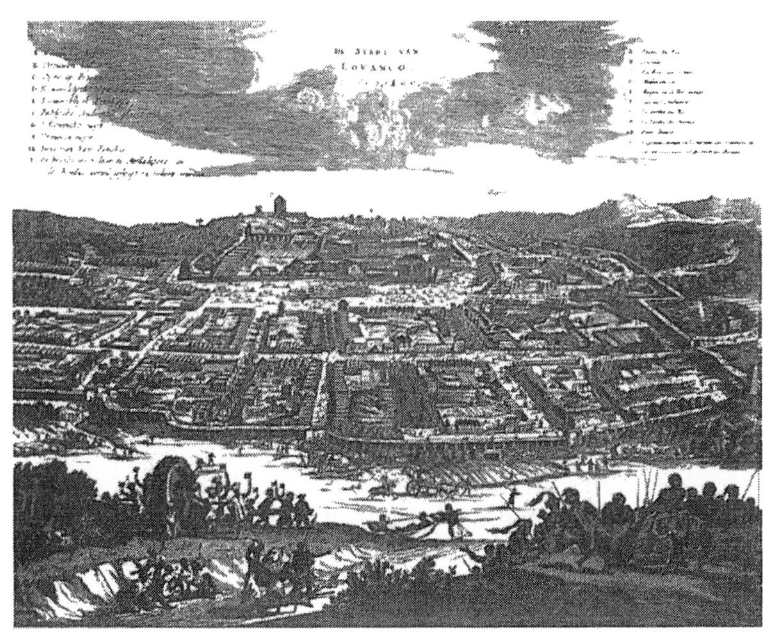

Vue de la ville de Loango, gravure extraite de O.Dapper, *Description de l'Afrique*, Amsterdam, 1686.

(A. Merlet : *Autour du Loango*, p. 386).

Neuf rois buvandji ont régné et furent enterrés au cimetière royal Buvandji de Loandjili (province dans laquelle ils résidaient) au nord-est de Pointe-Noire.
- **Ku vange** : *faire, fabriquer, élaborer*
- **Bu vandji** : *artisan*

A partir du règne des chefs de Kondi, la capitale se déplaça de Diosso à **Loango**. Le lieu de sépulture des rois de la dynastie de Kondi était **Tchissanga.**

Ainsi donc, pendant près de sept siècles, le royaume de Loango incarna le pouvoir politique et régit l'ordre social du royaume grâce à l'autorité de ses souverains.

Parmi les hypothèses expliquant l'origine du mot vili, j'en retiendrai les deux, qui me semblent les plus proches de la réalité.

- **Vili** viendrait du mot **un' vile** : *totem, emblème.* En effet, l'ancêtre du vili se distinguait par son attachement à *sa famille*, **li kande,** à son *clan* **(tchi fumba),** et surtout à son *totem* **(un'vile)** qu'il déclinait lors de toute rencontre. Son identité clanique, précisant ses titres et ses origines, était systématiquement demandée, comme un mot de passe pour établir, au besoin, une éventuelle parenté avec son interlocuteur, deux personnes dotées du même *totem* **(un' vile)** ayant forcément un ancêtre commun.

Donc, les Vili étaient ceux qui se distinguaient en déclinant leur emblème pour s'identifier.

Quand le conquérant **Buvandji** a conquis les terres de Loango et fondé le royaume, il s'est installé dans un premier temps à **Mpili**, avant de lui préférer **Bwali** (actuel Diosso), qui appartenait aux princes de **Mpili.** C'est le mot de **musu mpili**, désignant l'habitant de ce lieu, qui a subi une transformation phonétique pour devenir par contraction **Mu vili** (*personne d'ethnie vili*). Ce phénomène est bien décrit par A. Merlet, à la page 387 de son ouvrage, « *Autour du Loango* » (Sépia) :

> « *C'est de ce mot Piri que les habitants de Lovangeri sont appelés Mouviri, qui n'est qu'une contraction de Moutsie-Piri, c'est-à-dire peuple de viri.*»
>
> Nous y avons apporté les rectifications (inhérentes à toute difficulté de transcription phonologique) qui s'imposaient.
>
> « *De même Lovangiri n'est qu'une contraction de Lovango-Piri, mots que l'on a réunis depuis que ces deux peuples ont été unis par les conquêtes du roi de Lovango* ».

Il est dit dans ce texte que Loandjili est le fruit d'une contraction de Loango et de Mpili.

Mpili
C'est le nom donné à une vaste contrée de la région du Kouilou (entre Diosso et Ba-kouilou). Le pays fut appelé ainsi parce que, voici très longtemps, un habitant a été surpris en train de manger une *vipère* (en vili : **mpili)**, alors que cela était strictement interdit par les traditions de cette ethnie.
A la suite de ce sacrilège qui provoqua la mise à mort du contrevenant, les habitants du lieu furent appelés **base mpili** *les gens de mpili (en fait les mangeurs de vipères)* et la contrée rebaptisée **Mpili**.
Un proverbe en est né : « **U mwèke u lia mpili ba bosu be tchituke base mpili.** » qui signifie en français : *« Un seul a mangé la vipère, mais tous sont devenus des mangeurs de vipères ».*
En d'autres termes, un seul a commis le délit et toute la communauté est souillée.

Bwali est la capitale du royaume. Ce mot est une abréviation de « **bwale bu batu bwali :** *le village de deux personnes ».*
La tradition orale affirme ce qui suit : « A la suite d'une dissension familiale, un couple se détacha du milieu où il vivait et vint s'installer, seul, sur le lieu qui deviendra **bwali**. Précisons que l'exil volontaire ou forcé constitue une pratique courante chez les Bantous et particulièrement les Loango. Ce lieu était isolé de tous. Ceux qui passaient par là s'étonnaient de voir deux personnes s'isoler ainsi. Dans l'étonnement général, la nouvelle se propagea très vite qu'il existait à un endroit donné proche des gorges **(li bulu li mpupi)** un village de deux personnes, « **bwale bu batu bwali** ».
Le couple supporta les moqueries et, peu à peu, d'autres personnes vinrent autour d'eux et, au fil des années, le village s'agrandit. L'histoire de ce couple courageux ainsi que l'originalité de ce nom, **bwali,** ont fait la célébrité de ce petit village. Si bien que, depuis les villages lointains tels que Hinda, Makola, Tchitondi, tous les habitants de villages proches de **Bwali** ont ainsi été appelés **base Bwali :** *les gens de Bwali.* Le

nom **Bwali** couvrit donc toute une agglomération. En effet ce village va s'agrandir et s'étendre de **Mabindu** à **Tchisanga** pour devenir une cité importante qui s'appellera **Loango.**

Citons quelques quartiers de Bwali : Lubu (*Loubou),* Diosso, Tchissanga, Ba-kouilou, Vista, Bilala, Ntoupou, Chifuka Bayonne, Tchimpila. Certains de ces quartiers ont aujourd'hui disparu.

Diosso est à ce jour assimilé à ce qui reste de **Bwali.**

Le médecin hollandais Olfert Dapper affirmait dans sa description de l'Afrique en 1686 qu'il était « à peu près de la grandeur de la ville de Rouen ».
Ce nom, Diosso, viendrait d'une déformation de Déus (Dieu en portugais) à partir de la phrase suivante : Déus quize (en vili : **Nzambi zolisi ;** en français : *Dieu le veut),* qui aurait été prononcée par un notable du clan de Sabi. Cette version, bien que répandue ne fait pas l'unanimité. Cependant deux autres hypothèses me paraissent fortement plausibles :

La première serait que le nom viendrait de « **doosu** », dans **« Masi me doosu. »** L'*eau douce de Matombé* (source de Bwali) est réputée pour sa parfaite saveur.
La seconde hypothèse serait la suivante :

Un jeune homme de **Bwali**, révolté contre l'autorité de ses parents, partit s'établir à **Mabindu** (Loango). Quelque temps plus tard, convoqué par ceux-ci en conseil de famille, il réaffirma sa position, bien déterminé à prendre son indépendance. Alors le père, furieux, lui lança : « Adios ! »
Quand le fils rejoignit ses amis à **Mabindu**, il leur fit part de la réaction de son père. Subjugués par ce mot inconnu et par la culture du père, les jeunes de Mabindu ne parlèrent plus, à compter de ce jour, de **base Bwali** (*les gens de Bwali*), mais de **base Diosu** (*les gens de Diosso*) !

- **Mabindu.** C'est le village de Loango, centre apostolique et intellectuel, il était le marché des esclaves pour les Amériques
- **Mabindu** ; vallées (pl.) ; **li bindu** (sing.)
- **Lubu** vient du verbe **ku lubuka** : *S'instruire*

Base Lubu be lubuka : *les gens de Lubu sont instruits*

Le pouvoir électif

Les Européens qui visitent le royaume de Loango sont impressionnés par le caractère structuré et organisé de cette société. En effet, on lui reconnaît un pouvoir électif, un gouvernement et un système de contre-pouvoir d'une assemblée constituée de représentants des vingt-sept clans primordiaux, ainsi que d'une capitale Bwali que O. Dapper n'hésite pas à comparer à de grandes villes de l'époque comme Rouen ou Amsterdam.

L'exercice du pouvoir repose sur sa légitimité. Il est obtenu par un mandat électif dont la procédure peut se résumer ainsi : une large consultation est faite de façon discrète dans tous les milieux, à l'insu de la personne éligible, qui doit dans tous les cas de figure faire preuve d'une grande humilité et d'une grande sagesse. Il n'y a donc pas de campagne électorale menée par les candidats. Les qualités requises sont, entre autres, une grande probité morale, une excellente connaissance de la tradition et une bonne observance de celle-ci. A l'issue d'une élection en conformité avec les règles en vigueur, il est procédé à la désignation de l'élu qui se fera en trois étapes.

Ainsi le choix de l'autorité se fait d'une façon qui a laissé des traces profondes dans le comportement des vili, encore aujourd'hui.

Une fois de plus cette démarche répondait à un rituel très précis.

Ce sont les électeurs qui, au vu du comportement irréprochable et du sentiment que leur inspire l'un des leurs, proposeront un candidat. Quand tout le monde s'est entendu sur un nom, une délégation est composée pour le lui annoncer.

A la première sollicitation, cet élu refuse, prétextant qu'il n'estime pas être à la hauteur de la charge qui lui est proposée. Cependant il en informera les siens. A la seconde visite, il convoque les siens à une date convenue pour écouter la requête. A l'issue de celle-ci, il se retire *au secret :* **ku fundu**. Ce n'est qu'à réception du sentiment des siens qu'il donne un rendez-vous pour une troisième étape afin de donner sa réponse. Celle-ci peut être négative ou positive selon le résultat de ses tractations et investigations tous azimuts.

Le chef, **fumu,** est un personnage-clé dans cette société très hiérarchisée et très centralisée. Son rôle est à l'image de la conception dualiste que les Vili ont de la vie et de l'univers, avec un aspect visible et physique correspondant au monde du jour, **ku muni,** et un aspect invisible et mystique du monde de la nuit, **ku bwilu** (**nimbi**). Ceci peut être simplement relié à l'univers connu et accessible à tous, d'une part, et à celui des phénomènes méconnus par eux, de l'ignorance, de l'autre.
Le roi est tradionnellement issu du clan de **Kondi.** Il est préparé, initié et intronisé par une autre branche aînée de **Kondi**, qui est **tchimongo lumbu tchi kondi,** à laquelle appartient mon grand-père maternel Loembe lu Sauthat (qui est à l'origine de nombreuses informations incluses dans ce livre). Ceux-ci ne sont pas éligibles mais se portent garants des lois qui régissent le bon fonctionnement du royaume. Ils peuvent destituer le roi.
Conformément au système matrilinéaire en vigueur dans cette société, la transmission de cette charge se fait par les enfants issus des filles.

Le roi est d'abord élu pour une durée de sept ans au cours de laquelle il porte le titre de **Ngage vumbe**.
- **Ngage** : *maître, savant*
- **ku vumbe** : *protéger, couver, incuber*

Il est celui dont la puissance spirituelle protège et assure la paix et la prospérité du royaume.
Cependant il était souvent l'objet de harcèlement et d'intrigues en tous genres, notamment mystiques, de la part d'autres prétendants au trône. C'est ainsi que mon arrière-grand-père **Ngage vumbe Loembe lu Ngombi** (cf. liste des souverains) quitta le trône royal par défiance avant la fin de son mandat et cela en plein jour, pour marquer son courage. En partant avec tous les siens, il fit une pause en un lieu dit qui s'appelle depuis **Ntangu mbata** (*en plein jour*) : c'est l'actuel village de **Nkumbi**. Il n'a pas de lieu de sépulture, sa dépouille ayant disparu lors de la veillée funèbre.

Après les sept ans d'un règne exemplaire, s'il en est jugé digne par les **fumu si**, le roi subit de nouvelles épreuves dont il devra triompher pour accéder au titre de Ma-Loango.

Certaines de ces épreuves sont les suivantes :

- Voyager à travers les sept provinces (exercice périlleux), pour éprouver sa santé, la connaissance de son royaume et ses aptitudes guerrières
- S'humilier devant les *sanctuaires* (**Bi bila**) qui lui étaient interdits, après avoir fait le tour de chacun d'eux à cloche-pied, pour éprouver son humilité et ses capacités spirituelles
- Faire preuve d'abstinence tout au long de son voyage initiatique dans les différentes provinces, en dormant en compagnie d'une belle et gracieuse jeune vierge durant plusieurs mois sans consommer son union, ceci pour éprouver ses capacités morales
- Grimper au sommet d'un palmier particulièrement élevé en ne s'aidant que de ses deux bras et d'une seule jambe (A. Merlet « *Autour du Loango* » : page 57), pour montrer ses qualités hors du commun
- L'épreuve finale consistait à aller à Moanda (actuel Cabinda) visiter le sanctuaire de **Ntomi Bunzi**, l'ancêtre déifié, et se faire remettre par le conseil des sages un sceptre en maillechort
- Cela permettait d'éprouver ses capacités physiques et d'éminent stratège

Les **fumu si**, *chefs de clans primordiaux* qui intronisaient le roi, pouvaient aussi le destituer s'ils le jugeaient indigne de sa charge ou défaillant.

En dehors de cette disposition constitutionnelle, d'autres causes telles que la maladie prolongée, les infractions graves aux coutumes du royaume, la sénilité pouvaient conduire à sa destitution.

L'emblème du royaume est une main avec sept étoiles sur sa paume :

« **li kanda li koko li simbe mbote sambwali,** *la paume de la main tient les sept étoiles* ».

Le roi est le maître des sept provinces.

Il symbolise la primauté du rôle politique des Vili et de Bwali dans le royaume de Loango.

Ces étoiles représentent les sept provinces du royaume de Loango qui furent :

Me Loandjili
Me Tchilunge
Me Mpili
Me Yombi
Me Tchikuni
Me Kwangu
Me Tchikanu.

Cette devise revêt à la fois une signification cosmogonique et politique. Pour la cosmogonie, l'on songe à la nature puissante, éternelle, impérissable des *étoiles* (**Mbote**), à la nature divine de la royauté, à l'appel de l'infini, et pour la signification politique aux sept (7) provinces qui composaient le royaume de Loango (**si ma Luangu**).

D'une façon symbolique, le roi est représenté par la paume de la main avec les sept étoiles et le bras qui dirige celle-ci est incarné par les vingt-sept clans Kongo.

Ces étoiles représentent symboliquement la face du souverain à savoir :

- deux étoiles représentent les yeux du souverain qui veille sur son territoire
- deux étoiles représentent les oreilles du souverain qui écoute toutes les plaintes de son peuple
- deux étoiles représentent les deux narines du souverain très sensible aux problèmes de son peuple
- une étoile représente la bouche du souverain qui lui permet de rendre justice, « C'est l'unique voix qui doit se faire entendre dans tout le pays. »

Liste chronologique des souverains vili

1. **Malwangu NJIMBI 1600.** Andrew Batell mentionne un roi de Loango sous le nom de GEMBE, en 1603, lors de son séjour à Bwali, capitale du royaume. GEMBE doit être lu NJIMBI ou NDJIMBI

2. **Malwangu TATI 1630**, de Kondi, mentionné par R.E. Dennett, qui fait des recherches ethnographiques au Loango en 1880

3. **Malwangu Mwe PWATI (POATY) 1er**, qui règna au milieu du XVIIème siècle sous le nom de KAMANGU. Pénétration du christianisme au royaume Loango, en 1663, par le P. Bernardo da Ungaro : lors de son baptême, le roi vili reçut le prénom de François

4. **NGULI NKAME LOEMBE**. Le P. Girolamo Merolla da Sorrento pénètre au Cabinda, pays vili, en 1682

5. **NGANGA MVUMBA NIAMBI**. J. Barbot constate, en 1700, que l'anglais est parlé au Cabinda

6. **NGANGA MVUMBA NOMBO**, mort en 1766 (Abbé Proyart qui écrit en 1776)

7. **NGANGA MVUMBA MAKOSSO** surnommé TUTI LI MVULA, « Nuée de Pluie », après un interrègne de 7 ans (Abbé Proyart), monte sur le trône en 1773. D'autre part, L. Degrandpré, Officier de la Marine française, assista aux funérailles d'un roi de Loango en 1787. Ce souverain a donc régné de 1773 à 1787

8. **NGANGA MVUMBA MAKOSSO MA NOMBO.** L'amiral français Linois parcourt le Loango en 1805

9. **NGANGA MVUMBA MAKOSSO TCHIKUSU 1840-1879. Tchikusu** signifie « *truand* »

10. **NGANGA MVUMBA MAKOSSO MA NSANGU** 1879-1885. Le lieutenant de vaisseau français Cordier arrive au Loango en 1883

11. **Mwe PRATT (Mwe PRATI, Moé PRATT, Mwe PRATA)** fut destitué pour avoir tué sa propre fille qu'il voulait obliger à cohabiter avec lui : 1885. Son règne fut évidemment bref

12. **NGANGA MVUMBA LOEMBA LU NKAMBISI** qui régna sous le nom de MVUDUKU SAALA 1900
MVUDUKU est le nom de sa mère

13. **Mwe LOEMBE LU NGOMBI** dit **TCHITAPUKA KU NGABU TCHI MANGA DOTI.**
- **Ku tapuka** : *s'extraire, sortir de*
- **Ngabu** : *boue* **ku manga** : *refuser*
- **Doti** : *tache*
- **Tchi tapuka ku ngabu tchi manga doti :** *Celui qui est sorti de la boue, qui a refusé de se salir*

14. **Mwe LOEMBA (LOEMBE)** dit LIKE MA NTATE (NKHASU MANTHATTA)

15. **NGANGA MVUMBA TCHIBUKILI**, qui régna sous le nom de Mwe PWATI II, dit encore Mwe KATA MATU, de 1923 à 1926. Il fut destitué par l'Administration coloniale pour avoir rétabli le poison **n'kasa**, qui servait d'épreuve dans la justice coutumière. Il revint sur le trône de Loango sous l'impulsion de l'élite du royaume et mourut en 1929

16. **NGANGA MVUMBA USANGAMA** qui régna sous le nom de Mwe PWATI III. Il naquit en 1886 à Tchizondi (District de Madingo-Kayes), de PWATI, grand notable du pays, et de Mwe MPANZU, princesse de la famille royale des Kondi. Il fut élu et intronisé le 18 mars 1931 à Diosso et mourut le 3 mai 1975

Les titres de noblesse

- **Mwé** (ou **Moé**) : *Seigneur* (ou *Mon seigneur*)
Membre du clan royal. Le roi est « Moé », ainsi que ses frères et sœurs. Il en est de même pour les neveux et les nièces du roi (enfants nés de ses sœurs) ;

- **Nka'fu**. C'est la contraction de **n'kame fumu**, *l'épouse du roi.* Elle n'est pas « Moé » ;

- **Mwa fu**. C'est la contraction de **Mwane fumu**, qui veut dire *enfant du roi.* Le fils ou la fille du roi n'est pas « Moé » ;

Un « **Moé** », frère ou neveu du roi, peut prétendre au trône, ce qui n'est pas autorisé pour un **Mwa fu,** fils ou fille du roi. En effet le pouvoir vient du sang. Il est de succession matrilinéaire. Dans ce cas de figure comme dans d'autres, apparaît une conception dite *du jour,* **ku muni**, qui veut qu'un enfant hérite des biens matériels et physiques de son père, et une autre conception *de la nuit,* **ku bwilu** ou **ku nimbi**, qui confère au neveu ou à la nièce l'héritage mystique, immatériel dont le pouvoir est une des expressions.

Le gouvernement du Royaume

- **Ma mboma tchi loangu** : *Premier Ministre, chef du gouvernement.*
Il n'est jamais choisi parmi les clans de Diosso, mais à l'intérieur du royaume, en un lieu éloigné des intrigues et des rivalités de la capitale et le plus souvent dans l'ethnie kuni. Il assure aussi l'interrègne à la mort du souverain ;

- **Mbindika** (de **ku bindika** *enfermer, fermer*) : *Ministre de l'Intérieur ;*

- **Ma fuka** (de **ku fuka** : *couvrir, recouvrir*) : *Intendant général du commerce.* Il surveille et dirige la traite. Il portait un chapeau en fibre d'ananas en signe de distinction ;

- **Ma safi** (*les poumons*), **Mani banze**: *Ministre des Finances ;*

- **Tchi payi tchi ma loangu, mani mbèle** (*chef à l'épée*) : *Porte- parole du roi*, possède une épée en cuivre, insigne de sa charge ;

- **Ma ngalala-mbembo** : *Ambassadeur plénipotentiaire* des ethnies kongo auprès du roi Ma Loango ;

- **Ma tchyéndji** : *Ministre du Commerce Extérieur* avec les Européens. Il traite sur les plages avec les commerçants européens, surveillant les tarifs, réglant les litiges et fixant les taxes. ;
- **Ma kaka (ku kaka** : *faire barrage*) *Ministre de la Défense*. Sur l'ordre du roi, il lève des bataillons armés dans les provinces du royaume. Les Bémbé ont souvent été pourvoyeurs d'excellents guerriers ;

- **Ma ngofo** : *Ministre de la Santé ;*

- **Ma mputu** : *Secrétaire d'Etat aux relations avec l'extérieur*, il est rattaché au Ma gofo. (**mputu** : *l'Europe*) ;

- **Ma kimba** : *Ministre des Eaux et Forêts et de la Pêche ;*

Ces ministres ont généralement des esclaves comme responsables de cabinet.
Dans chaque province et dans toutes les villes, il y a un gouverneur pour représenter et faire appliquer l'autorité du roi.

UN PEU DE GRAMMAIRE

Le vili n'a pas encore de système d'écriture propre.
Exprimer un ensemble de phonèmes avec un graphisme et des règles inadaptées rend la transcription de certains termes fort ardue.
L'insuffisance de documents linguistiques nous amène à adopter des règles simples.
Il n'y a donc pas de règles d'orthographe clairement établies. Néanmoins nous retiendrons quelques règles concises permettant de mieux appréhender une langue qui peut être très complexe. La transcription des sons du langage, les phonèmes obéiront donc à deux exigences : la simplicité d'écriture et la fidélité au son émis ou à la prononciation.
Le classement alphabétique des mots restera soumis à l'imprécision inhérente à ce qui est énoncé plus haut.
Quelques abréviations :

Sing.	singulier
Pl.	pluriel
Pr.	prononciation
V.	verbe

1 / PRONONCIATION ET PHONETIQUE

Le mode de transcription basé sur l'alphabet phonétique international ne sera pas utilisé afin de rendre la lecture accessible à tous. Nous le rappellerons néanmoins ci-dessous. Que les linguistes avertis ne nous en tiennent pas rigueur.

On trouvera ci-dessous le tableau des phonèmes du français noté en alphabet phonétique international (API). Chaque phonème est suivi d'exemples caractéristiques en français et en vili.

Voyelles orales

Symbole API	Exemple français	Exemple vili	Traduction
[e]	bl**é**	**tchibéni**	*C'est vrai*
[Ø]	h**eu**reux		
[a]	p**a**pa	b**a**ne	*Les enfants*
[o]	rep**o**s		
[u]	**lou**p		
[y]	l**u**ne		
[ə]	r**e**nard		
[ă]	b**an**c		
[i]	l**i**t	bike	*Laisse*
[ε]	m**è**re	mène	*Pousse*

Les signes grahiques adoptés seront ceux de l'alphabet latin en vigueur dans la langue française.

Notons quelques spécificités à retenir pour le vili :

U se prononce « ou » comme dans **mutu** (prononcer : moutou)
S se prononce « S » dans tous les cas de figure comme dans Soleil. Exemples **: isa** – prononcer : issa : *vient*
singa – prononcer singa : *fil*
G se prononce « gu » comme dans **nganga**
Z se prononce « z » comme dans **li zèse** (pr. : zèsse)
W se prononce comme en anglais « ou »comme dans « ouate » etdans **bwala** (pr. : Bouala)

Lettre ou combinaison de lettres en vili	Prononciation à la française	Mots en vili	Prononciation à la française
U	OU	**Kulu**	Koulou
S	S	**Sisa**	Sissa
K	C	**Ku kasa**	Kou cassa
Z	Z	**Ku zaka**	Kou zaca
G	Gu	**Nganga**	Nganga
Dj	Dj	**Djéi**	Djiéi
Tch	Tch	**Tchiali**	Tchiali
W	Ou	**Bwala**	Bouala
E	E	**Ise**	Isse
E	É	**Li bémbi**	Li bémbi
E	È	**Bène**	Bène
Y	Y	**Li yanga**	Li yanga

Consonnes simples

Lettres	Exemple en français	Exemple en vili
p	petit	**Pite** sifflet
b	bien	**Bike** laisse
m	mère	**Minu** moi
f	fil	**Fiile** envoi
v	viens	**Viinge** attend
t	tissu	**Ku tanga** lire
d	dé	**Ndake** langue
s	savoir	**Sile** frotte
K remplace C	képi	**Kiti** siège
z	zone	**Zabaku** savon
n	nid	**Nèèle** fenêtre
l	lire	**Lumbu** chant
y	yoyo	**Li yaanga** lac

Consonnes complexes (prénasalisées ou mi-nasales)

Groupe de lettres	Exemple en vili	traduction
mp	**mpani**	*donne*
mf	**mfuti**	*paie-moi*
nt	**ntiti**	*port de pagne (habit)*
ns	**nsikulu**	*coup de pied*
nk	**nkala**	*crabe*
mb	**mbida**	*calebasse*
mv	**mvula**	*la pluie*
nd	**ndilu**	*frontière*
nz	**nzitu**	*respectable*
ng	**nguti**	*tubercule de manioc*
un' (pr. oun)	**un'ti**	*un arbre*

Bien qu'elles soient constituées de deux lettres, ces consonnes représentent chacune un phonème et se prononcent comme tel.

Voyelles brèves

a	**ku ta**	*coudre, raconter*
e	**mwane**	*enfant*
é	**li béti**	*goutte*
è	**bène**	*beaucoup*
i	**nitu**	*le corps*
o	**kote**	*entre*
u	**susi**	*sale*

Voyelles longues

aa	**liaane**	confiance
éé	**méénu**	dents
èè	**bèènu**	vous
ii	**biime**	choses
oo	**boome**	peur
uu	**buutu**	gentillesse

Compte tenu de la variabilité des accents d'une contrée à une autre, nous n'avons pas estimé indispensable l'usage des tons pour la compréhension de ce qui suit. Les accents toniques ne seront donc pas utilisés.
D'autre part, nous avons fait le choix de désolidariser le déterminant de classe ou article, et d'autres substantifs de leur radical. Il en résulte que nous écrirons :
¤ **Ba vili** et non **bavili, ba** étant une contraction de **base** voulant dire « *les gens de* » ou « *le peuple …* »
¤ **Tchi vili** et non **tchivili**,
afin d'éviter d'avoir à parler des Bavili alors que l'on devrait dire des Vili. C'est la même chose en ce qui concerne les Kongo, les Loango, les Punu, les Yombé au lieu des Bakongo, des Baloango, des Bapunu, des Bayombé
¤ **ku tina** et non **kutina**
¤ **lu kuayi** et non **lukuayi**
¤ **bu balu** et non **bubalu.**
Ceci aura l'avantage de nous permettre une classification par ordre alphabétique plus aisée, une plus grande analogie avec le français et une lecture moins ardue avec des mots à deux, trois ou quatre syllabes.

Notons que la lettre **"a"** en kongo devient **"e"** en vili et que le **"e"** devient **"i"** à la fin du mot au cas où l'on hausse le ton. Ces voyelles gardent leur consonance si l'on s'exprime normalement.
Exemple : **ba vili** - se dit **be vili**
Tchi nkaka - se dit **tchi nkake** – « *la foutaise* ».

Si l'on parle en haussant le ton, on appuiera sur la dernière syllabe, tandis qu'en cours de discussion on l'avalera et elle sera alors muette.

De même le **"k"** dans les autres langues kongo devient "**tch**" en vili.
Exemple : **ki vili** devient **tchi vili**
ki kaya devient **tchikaya**
Enfin le déterminant **mu** en kongo devient **un** en vili
mu vili devient **un vili** *(un vili)*
mu situ devient **un situ** *(une forêt)* .

Du vili au français, on observe la difficulté de prononciation de certaines lettres et parfois la transformation ou l'inversion de celles-ci.
Quelques exemples :

Le **J** se prononce **Z :**
Jeanne : **Zane** ; Jean : **Zan**.
Janvier : **Zanvié** ; Juliette **: Zuliette**

Le **L** se prononce **R :**
Claude : **Crôde** ; Jean-Claude : **Zan-Crôde**

Le **G** se prononce **Z :**
Germain : **Zelme** Germaine : **Zelmène**

Le **R** se prononce **L :**
Romain : Lome Rhum (liqueur) : **lomu**

2 / LES DETERMINANTS DE CLASSE

Il n'y a pas de genre masculin ou féminin. De même, le caractère défini ou indéfini n'est pas précisé.

Nous avons noté la difficulté d'une prononciation du « **n** » devant une consonne comme dans les cas suivants :

- **n'totu ; n'kisi ; n'kandi** se prononcent respectivement *ène totou ; ène kisi ; ène kandi.*

Afin d'avoir la prononciation la plus proche possible de ce qui est intelligible à ce niveau, nous avons utilisé « **un'**» qui se lit « *oun* ». C'est un son nasal obtenu la bouche fermée (entre un son dorsovélaire sonore et palatal), ce qui nous fera écrire à la place :

- **un' totu ; un' kisi ; un' kandi**

SINGULIER	PLURIEL
tchi	**bi**
li	**ma / me**
un' (prononcer oun)	**mi**
lu	**si**

Un, une, le, la : **tchi, lu, un', li**
bi, si, me, mi : *les, des*

Exemples :

Tchi pâne (sing.) - *le sceau,*	**Bi pâne** (pl.) - *les sceaux*
Tchi cuma (sing.) - *un mot,*	**Bi cuma** (pl.) - *des mots.*
Li nkanda (sing.) - *la famille,*	**Me nkanda** (pl.) - *les familles*
Un' ti (sing.) - *un arbre,*	**Mi ti** (pl.) - *les arbres*
Lu nganzi (sing.) - *une racine,*	**Si nga nzi** (pl.) - *les racines*

Certains mots commençant par **n** subissent une contraction avec l'article **un'**, ce qui revient finalement à une absence d'article.
Exemple : **nkumbu** - *le nom* **; si nkumbu** (pl.) - *les noms*
nèle - *la fenêtre* ; **si nele** (pl.) - *les fenêtres*

3 / HOMONYMIES

Un certain nombre de mots ont une phonologie identique mais un sens différent en fonction du ton et du contexte.
Notons quelques exemples :

lunga	**ku lunga**	*attiser (le feu)*
	ku luunga	*avoir raison*
	un' luunga	*un bracelet*
sèse	**Lu sèèse**	*un clou*
	Ku sèse	*éplucher*
	Un'sèèse	*le balai*
	sèse	*la gazelle*
kula	**Ku kula**	*décrocher*
		arracher
	Ku kuula	*chasser*
	Ku kula	*grandir*
Nkali	**Nkali**	*salé*
	Nkaali	*valeur, goût*
	Kali	*reste avec*
lumbu	**Lumbu**	*chant*
	Lu bu	*moustique*
	Luumbu	*cour du roi*
kanda	**Li kanda**	*la famille*
	Li kanda	*la main*
	Un' kanda	*le papier*

bamba	**Li bamba**	*la famille*
	Lu bamba	*la liane*
	Ku bamba	*plaquer*
Bène	**Tchime bèène**	*la chose en question*
	Ba vinge bène	*Ils ont attendu beaucoup*
	Li bèène	*la mamelle, le sein*
Ku ta	**Ku ta luta**	*siffler*
	Ku ta tchi kuntu	*coudre un vêtement*
	Ku ta tchi bila	*faire une annonce*
	Ku ta nongo	*raconter une histoire*
	Ku ta liane	*faire confiance*

4 / ROLE DES PREFIXES

KU	**Ku** + verbe	v. à l'infinif	traduire
		Ku lia	*manger*
		Ku simina	*s'étonner*
BU	**Bu** + adjectif	**Bu imi**	*l'avarice*
		Bu utu	*la bonté*
		Bu sina	*la richesse*
		Bu lèmvu	*l'obéissance*
		Bu olo	*la paresse*
		Bu kusu	*la truanderie*
		Bu ifi	*la cleptomanie*
		Bu balu	*la sévérité*
LU	**Lu** + adjectif	**Lu ndédi**	*méprisant*
		Lu nkafi	*l'avarice*
		Lu kuaye	*l'arrogance*
		Lu vialu	*versatile bavard*

BU - traduit un état

LU – traduit une notion qualitative

5 / LES VERBES

Le verbe, mot variable, est le noyau de la phrase verbale. Il indique à quel moment se passe l'action : présent, passé, futur, imparfait…

- Le mode exprimant un fait réel est l'indicatif
- Le mode exprimant un ordre est l'impératif
- Le mode exprimant un fait sous condition est le conditionnel
- Le mode exprimant un fait seulement envisagé par l'esprit (faits douloureux, souhaits, craintes…).

A l'infinitif, le verbe est précédé de **ku** (pr. *Cou)* comme c'est le cas en anglais avec « *to* »
Sans le **ku,** le verbe est à l'impératif.

v.infinitif	Traduction
Ku basika	*Sortir*
Ku tiina	*Courir*
Ku tchina	*Danser*
Ku lia	*Manger*
Ku vange	*Faire*
Ku like	*Faire manger*
Ku yole	*Chanter*
Ku lile	*Pleurer*
Ku zole	*Aimer*
Ku baambe	*Se parer*
Koke	*Griller*
Kuwe	*Entendre*
Ku vindji	*Remplacer*
Basika	*Sors*
Tiina	*Cours*
Tchina	*Danse*
Lia	*Mange*
Vange	*Fais*
Like	*Fais manger*
Yole	*Chante*
Lile	*Pleure*
Zole	*Aime*

Baambe	*Pare*
Yoke	*Grille*
Yuwe	*Entends*
Vindji	*Remplace*

Exception :
Certains verbes commençant par **K** ne sont pas précédés de « **ku** » à l'infinitif. A la forme conjuguée, le **K** est remplacé par **Y.**

Verbes infinitifs	Verbe conjugué	Traduction
Koke	**Yoke**	*Grillé*
Kwème	**Yème**	*Têté*
Kuwe	**Yuwe**	*Ecoute*
Kwètchika	**Yètchika**	*Range*
Kwènde	**Yènde**	*Va*
Kwine	**Yine**	*Contesté*
Kwimbile	**Yimbile**	*Chante*
Kuuke	**Yuke**	*Habitué*
Kwibe	**Ybe**	*Volé*

Exemples : **koke, kuwe, kwiye, kwème, kwènde, kwimbile .**

Le verbe *ÊTRE* **KU BA**

Forme affirmative

Bubu	Présent
I ké	*Je suis*
Djé ké	*Tu es*
Na ké	*Il est*
Tu ké	*Nous sommes*
Lu ké	*Vous êtes*
Be ké	*Ils sont*

Yono	Passé
I m'ba	*J'ai été*
Djé u'ba	*Tu as été*
Na u'ba	*Il a été*
Tu ba	*Nous avons été*
Be ba	*Vous avez été*
Ba be ba	*Ils ont été*

Mbasi	Futur
I mba	*Je serai*
U mba	*Tu seras*
Na u mba	*Il sera*
Tu mba	*Nous serons*
Be mba	*Vous serez*
Lu mba	*Ils seront*

Dans certains cas, on fait précéder le terme conjugué par **mba** (contraction de **mbasi**, qui veut dire plus tard ou demain), tel que : **mba i mba, mba u mba,**

Le verbe *Avoir* : **KU BAKA**

Bubu	présent
I kéli i	*J'ai*
Djé kéli i	*Tu as*
Na kéi i	*Il a*
Tu kéli i	*Nous avons*
Be kéli i	*Vous avez*
Lu kéli i	*Ils ont*

Yono	Passé
I béli	*J'ai eu*
Djé béli	*Tu as eu*
Na béli	*Il a eu*
Tu béli	*Nous avons eu*
Be béli	*Vous avez eu*
Lu béli	*Ils ont eu*

Si on ne veut pas utiliser la forme **kéli I,** il faut tout au moins séparer **ké** et **i.** Car le verbe est **ke** alors que **i** est plus attaché à la chose possédée.

Mbasi	Futur
Mba i m'baka	*J'aurai*
Mba djé u m'baka	*Tu auras*
Mba na u m'baka	*Il aura*
Mba tu m'baka	*Nous aurons*
Mba be m'baka	*Vous aurez*
Mba lu m'baka	*Ils auront*

Yusi	Imparfait
I yaba	*J'avais*
Djé u yaba	*Tu avais*
Na u yaba	*Il avait*
Tu yaba	*Nous avions*
Be yaba	*Vous aviez*
Lu yaba	*Ils avaient*

LE PRESENT

On distingue le présent de l'action accomplie et de l'action inaccomplie.

a) action accomplie

Ia lia	*Je viens de manger*
Djé wa lia	*Tu viens de manger*
Na wa lia	*Il vient de manger*
Bésu tua lia	*Nous venons de manger*
Bènu lua lia	*Vous venez de manger*
Baw ba lia	*Ils viennent de manger*

Sujet + substantif + verbe

Susu wa bute liati	*la poule pond (vient de pondre l'œuf)*
Mwana wa sakene	*l'enfant joue (vient de jouer)*

b) action inaccomplie

I mona ku lia	*Je suis en train de manger*
Dje mona ku lia	*Tu es en train de manger*
Na mona ku lia	*Il est en train de manger*
Bèso tu mona ku lia	*Nous sommes en train de manger*
Bèno lu mona ku lia	*Vous êtes en train de manger*
Baw bu mona ku lia	*Ils sont en train de manger*

Sujet + **mona** + verbe à l'infinitif

Susu mona ku buta	*la poule pond (est en train de pondre)*
Mwana mona ku sakene	*l'enfant joue (est en train de jouer)*

LE PASSE

a) Sujet à la première, à la deuxième et à la troisième personne du singulier :
I, *je*, **djé**, *tu*, **na**, *il*
Sujet + **bé** + verbe

b) Sujet à la première, à la seconde et à la troisième personne du pluriel :

Sujet	Auxiliaire	Verbe
Béso	**Tu bé**	*verbe*
Bèno	**Lu bé**	*verbe*
Baw	**Bu bé**	*verbe*

Dans le cas de figure ci-dessus, le sujet est facultatif.

Exemple :

Tu bé lia	*Nous avons mangé*
Lu bé lia	*Vous avez mangé*
Bu bé lia	*Ils ont mangé*

I bé lia	*J'ai mangé*
Djé bé lia	*Tu as mangé*
Na bé lia	*Il a mangé*
Bèso tu bé lia	*Nous avons mangé*
Bèno lu bé lia	*Vous avez mangé*
Baw bu bé lia	*Ils ont mangé*

LE FUTUR

Sujet + **u'n** + verbe

I'n lia	*Je mangerai*
Djé u'n lia	*Tu mangeras*
Na u'n lia	*Il mangera*
Bèso tu'n lia	*Nous mangerons*
Bèno lu'n lia	*Vous mangerez*
Baw bu'n lia	*Ils mangeront*

IMPERATIF

Verbe sans le préfixe **KU**

Lia	*Mange*
Tu lianu	*Mangeons*
Lianu	*Mangez*

IMPARFAIT

Parmi les temps du passé, il présente les actions en cours d'accomplissement dont on ne voit ni le début ni la fin.
Il exprime également la répétition et l'habitude.

Sujet + substantif + verbe

La première personne se fait sans substantif.

I lia	*Je mangeais*
Djé u lia	*Tu mangeais*
Na u lia	*Il mangeait*
Bèso tu lia	*Nous mangions*
Bèno lu lia	*Vous mangiez*
Baw bu lia	*Ils mangeaient*

1°pers. Sing.		Verbe
2°pers. Sing.	U	Verbe
3°pers. Sing.	U	Verbe
1°pers. Pl.	**Tu**	Verbe
2°pers. Pl.	**Lu**	Verbe
3°pers. Pl.	**Bu**	Verbe

PLUS- QUE- PARFAIT

Il exprime une action passée antérieure à une autre action passée énoncée le plus souvent à l'imparfait.

1°pers. Sing.	**Lu** + verbe	**Anga**
2°pers. Sing.	**U lu** + verbe	**Anga**
3°pers. Sing.	**U lu** + verbe	**Anga**
1°pers. Pl.	**Lu lu** + verbe	**Anga**
2°pers. Pl.	**Tu lu** + verbe	**Anga**
3°pers. Pl.	**Bu lu** + verbe	**Anga**

Exemple

I lu lianganga	*J'avais mangé*
Djé u lu lianganga	*Tu avais mangé*
Na u lu lianganga	*Il avait mangé*
Bè no lu lu lianganga	*Nous avions mangé*
Béso tu lu lianganga	*Vous aviez mangé*
Baw bu lu lianganga	*Ils avaient mangé*

6 / LA NEGATION

La phrase négative se forme avec le terme "**kuvè**" *pas*) qui se place toujours après le verbe conjugué et **« sié »** (*ne*), après le sujet.
Sujet + **sié** + verbe conjugué + **kuvè**

- **I sié lia kuvè** *je n'ai pas mangé*

- **Be sié kwènde kuvè** *ils ne sont pas partis*

Dans certains cas on emploie **« ko »** à la place de **« kuvè »**
Be sié kwènde ko. *Ils ne sont pas partis.*

7 / L'INTERROGATION

Citons quelques pronoms interrogatifs :

Comment ?	**Buni ?**
D'où ?	**Kuni ?**
Où ?	**Fani ?**
Pourquoi ?	**Mumbi?**
Quand, à quel moment ?	**Tangu mbi ?**
Combien ?	**Yakwa ?**
Qui ?	**Nani ?**
Quoi ?	**Mbi ?**
Quel ?	**Tchini ?**

On distingue deux formes interrogatives : une forme directe et une forme indirecte.

- l'interrogation directe : elle est marquée par la seule intonation qui devient haute en fin de phrase.
  As-tu mangé ? **Djé bé liè ?**
- l'interrogation indirecte :
  Je demande si tu sors. **Ya kufula in u basika**.

8 / PRONOMS PERSONNELS

Je	**I**	*Moi*	**Minu, mi**
Tu	**Djé**	*Toi*	**Djéi**
Il, elle	**Na, nandi**	*Lui*	**Na**
Nous	**Tu**	*Nous*	**Bèso**
Vous	**Bu, be**	*Vous*	**Bèno**
Ils	**Lu**	*Eux*	**Baw**

9 / ADJECTIFS ET PRONOMS POSSESSIFS

Le pronom possessif s'accorde avec le déterminant (l'article) utilisé :

article + **ame**	*Mon, ma, mes*
+ **aku**	*Ton, ta, tes*
+ **andi**	*Son, sa, ses*
+ **itu**	*Notre, nos*
+ **inu**	*Votre, vos*
+ **au**	*Leur, leurs*

1 Cas des mots précédés par le déterminant **li**

(li) ama	*Ma*	**Li kaalu li ame**	*Mon vélo*
(li) aku	*Ta*	**Li kaalu li aku**	*Ton vélo*
(li) andi	*Sa*	**Li kaalu li andi**	*Son vélo*
(li) itu	*Notre*	**Li kaalu li itu**	*Notre vélo*
(li) inu	*Votre*	**Li kaalu li inu**	*Votre vélo*
(li) au	*Leur*	**Li kaalu li au**	*Leur vélo*

2 Cas des mots précédés par le déterminant **tchi**

(tchi) ame	*Mon*	**Tchi kole tchiame**	*Mon école*
(tchi) aku	*Ton*	**Tchi kole tchiaku**	*Ton école*
(tchi) andi	*Son*	**Tchi kole tchiandi**	*Son école*
(tchi) itu	*Notre*	**Tchi kole tchiitu**	*Notre école*
(tchi) inu	*Votre*	**Tchi kole tchiinu**	*Votre école*
(tchi) au	*Leur*	**Tchi kole tchiau**	*Leur école*

3 Cas des mots précédés par le déterminant **si**

(si) ame	***Mes***	**Si nzala si ame**	*Mes doigts*
(si) aku	***Tes***	**Si nzala si aku**	*Tes doigts*
(si) andi	***Ses***	**Si nzala si andi**	*Ses doigts*
(si) itu	***Nos***	**Si nzala situ**	*Nos doigts*
(si) inu	***Vos***	**Si nzala sinu**	*Vos doigts*
(si) au	***Leurs***	**Si nzala siau**	*Leurs doigts*

En fait ceci se traduit mot à mot par :

Mes doigts à moi **si nzala si ame**
Tes doigts à toi **si nzala si aku**

10 / LES ADJECTIFS QUALIFICATIFS

Comme en francais, l'adjectif qualificatif s'accorde en nombre avec le nom qu'il qualifie. Il est généralement placé après celui-ci.

Li buku li mona *Un livre neuf*
Me buku mu mona *Des livres neufs*

Mbwa i bu balu *Un chien méchant*
Si mbwa si bu balu *Des chiens méchants*

Mwana u kula *L'enfant est grand*
Bana bu kula *Les enfants sont grands*

Dans le cas des phrases déclaratives et exclamatives, l'adjectif qualificatif est placé avant le nom qu'il qualifie.

A un' boti mwana ! *Quel beau bébé !*
Un' boti nzo ! *La belle maison !*

Fiote	*Noir*	**Nvèmbuka**	*Blanc*
Bèèna	*Beaucoup*	**Fwati**	*Peu*
Bindu	*Bas*	**Ilu**	*Haut*
Bukalu	*Cher*	**Tukuka**	*Peu cher*
Dokoo	*Puant*	**Fimbu**	*Bonne odeur*
Kudife	*Laid*	**Boti**	*Beau*
Kule	*Grand*	**Nkufi**	*Court*
Mbasu	*Chaud*	**Tchiosi**	*Froid*
Me dasu	*Coléreux*	**Moolo**	*Paresseux*
Moona	*Neuf*	**Nkulu**	*Vieux*
Mooni	*Vivant*	**Fwa**	*Mort*
Mpasi	*Difficile*	**Ndèlu**	*Glissant*
Bole	*Humide*	**Kuma**	*Sec*
Ngolu	*Dur*	**lébile**	*Mou*
Nkali	*Salé, valeureux*	**Sololo**	*Insipide*
Nuumba	*Frivole*	**Mwifi**	*Voleur*
Nzitu	*Respectueux*	**Lukwayi**	*Orgueilleux*
Sabu	*Insolent*	**Tchinzu**	*Respectueux*
Sasuke	*Rapide*	**Nduli**	*Amer*
Susi	*Sale*	**Tchia**	*Propre*
Tchièti	*Petit*	**Nène**	*Gros*
Tchilika	*Vrai*	**Ngagu**	*Mensonge*
Tchinanu	*Loin*	**Bèlema**	*Proche*
Tchisayi	*Irascible*	**Vunde**	*Calme*
Tchisina	*Riche*	**Tchiyémbi**	*Pauvre*
Tchivulu	*Idiot*	**Lièle**	*Intelligent*
Tola	*Gros*	**Tchièti**	*Mince*
Yuume	*Piquant*	**Lwétchi**	*Sucré*
Zita	*Lourd*	**Lènge**	*Léger*

11 / LE SUPERLATIF

Ce vêtement est très sale
Tchi nkutu atchi tchi ké bène susi

Il est très gentil
Na ké bène buutu

12 / COMPARATIF

On forme le comparatif d'un adjectif qualificatif de la façon suivante :

mwindi + adjectif + i …

Il est plus grand que son cadet
Na mwidi ku kule i nkombe

Ce lac est plus petit que cet étang
Tchi zinga atchi mwidi bu tchiétchi i li yanga ali

Dèdè : *égal, pareil à*

13 / CONSTRUCTION DE LA PHRASE SIMPLE

Sujet + verbe + complément

Nkala wa sike li bulu
Le crabe a creusé un trou

Li lèsu li bènge
Un foulard rouge

Na mone ku tungage tchi ngange
Il construit un temple

PHRASE COMPLEXE : Phrase ayant plusieurs noyaux verbaux.

Exemple : *Dès qu'il arriva, il l'appela*
Bo ku i tuka, nadji oso ku n tèle

14 / LES NOMBRES

1 **Muèke. U muèke,** *cette deuxième forme est utilisée quand ce nombre est suivi d'un nom qui nécessite l'utilisation de* **U**.

Exemples :

Un' ti u muèke	**Li mpa li muèke**
Un / arbre / un	*Un / pain / un*
Un (seul) arbre	*Un (seul) pain*

Lu kuni lu muèke	**Tchi limbu tchi muèke**
Un / bois de chauffe / un	*Un /drapeau / un*
Un bois de chauffe	*Un drapeau*

1	**muèke**	30	**me kumi me tatu**
2	**wali, bioli**	40	**me kumi me na**
3	**tatu**	50	**me kumi me tanu**
4	**na**	60	**me kumi me samunu**
5	**tanu**	70	**me kumi sambwali**
6	**samunu**	80	**me kumi me nana**
7	**sambwali**	90	**me kumi vwa**
8	**nana**	100	**nkama**
9	**vwa**	200	**nkama wali**
10	**kumi**	300	**nkama tatu**
11	**kumi i muèke**	400	**nkama na**
12	**kumi i bioli**	500	**nkama tanu**
13	**kumi i tatu**	1 000	**ti véfi**
14	**kum i na**	2 000	**bi véfi bioli**
15	**kumi i tanu**	3 000	**bi véfi bi tatu**
16	**kumi i samunu**	4 000	**bi véfi bi na**
17	**kumi i sambwali**	10 000	**kumi li bi véfi**
18	**kumi i nana**	20 000	**me kumi mwali me bi véfi**
19	**kumi i vvwa**	100 000	**nkama li bi véfi**
20	**me kumi mwali**	200 000	**nkama wali li bi véfi**

La construction d'un nombre :

11 - kumi i muèke *dix et un*
12 - kumi i wali *dix et deux*

20 - me kumi mwali
(Les / dix / deux) deux fois dix
21 - me kumi mwali i muèke (*deux dizaines et un)*
22 - me kumi mwali I wali (*deux dizaines et deux*)
23 - me kumi mwali i tatu
30 - me kumi me tatu
(Les / dix / trois) trois dizaine.
34 - me kumi me tatu i na (*trois dizaines et quatre)*
35 –me kumi me tatu i tanu *(trois dizaines et cinq)*

110 - **nkama i kumi** *(cent et une dizaine)*
117- **nkama kumi i sambwali**
(Cent / dix / et sept)
120 - **nkama mu kum'mwali**
Contraction de **nkama mu kumi mu wali**
(Cent / deux / dizaines)
125 - **nkama mu kum'mwali i tanu**

208 - **nkama wali i nana**
(Cent deux fois et huit)
Deux centaines et huit
700 - **sabwali li nkama**
Sept centaines

1 400 - **ti véfi i nkama na**
(Mille et quatre cents)

20 500 - **me kumi mwali me bi véfi nkama tanu**
Deux dizaines de milliers cinq centaines
320 810 - **nkama tatu li bi véfi nkama nana kumi**
Trois centaines de milliers, vingt milliers, huit centaines et une dizaine

Quelques expressions :

Compter	**Ku tanga**
Additionner	**Ku buèla**
Soustraire	**Ku botula**
Diviser	**Ku bènza, ku kaba**
Multiplier	**Ku buta**
Un à un	**U muèke u muèke**
Fois	**Viasi**
Une fois, deux fois	**Viasi muèke,Viasi wali**
Nul, rien, zéro	**Voo !**
Personne (dans le sens de *nobody* en anglais)	**Mutu voo !**

15 / LES NOMBRES ORDINAUX

Premier	**U n'tète**
Deuxième	**U m'mwali**
Troisième	**U n'tatu**
Quatrième	**U n'na**
Cinquième	**U n'tanu**
Sixième	**U n'samunu**
Septième	**Li n'sambwali**
Huitième	**U'nana**
Neuvième	**U n'vwa**
Dixième	**U n'kumi**

16 / LE TEMPS

A l'image des autres sociétés structurées, le royaume de Loango avait un système calendaire lié aux activités agricoles, de chasse, de pêche et d'élevage. Le soleil, **ntangu**, et la lune, **ngoodi**, y jouaient un rôle déterminant. Le cycle lunaire était connu. Cela se traduisait par une similitude phonologique de certains mots comme *mois* - **n'goodi,** *la lune* - **n'goodi,** *les menstrues de la femme* - **n'godi.**

L'année, **un'vu**, compte *douze mois*, **kumi wali li n'goodi**, et comprend deux saisons : une *saison sèche*, **tchi sifu**, et une *saison des pluies*, **si nvula**.

Mois de l'année : **ma yééndji :**

Janvier	**Lubika**
Février	**Mwaada**
Mars	**Ndolu un' kasi**
Avril	**Ndolu un' nuni**
Mai	**Mewalala**
Juin	**M'bukulu masi me volo**
Juillet	**M'bukulu masi me bu**
Août	**Mu budji mu budji**
Septembre	**Kufula**
Octobre	**Kusafa**
Novembre	**N'toombu**
Décembre	**Mbangala**

Chacune des saisons est constituée d'une petite et d'une grande période.

Petite saison des pluies	**Mi noka**
Grande saison des pluies	**Si nvula si nène**
Petite saison sèche	**Tchi kanda**
Grande saison sèche	**Mangala**

Mu tchi kanda :
C'est la période allant de décembre à février. Il fait très chaud, surtout à Pointe-Noire, et il est difficile de marcher les pieds nus sur *le sable* (**li fundu**) chaud abondant dans la ville. C'est également la seconde époque des semailles pour l'arachide et le maïs, avec une récolte prévue en avril.

Mu si nvula :
C'est la période allant de mars à avril. Il pleut abondamment, **si ndolo**. Au mois d'*avril*, **ndolo un' nuni**, en traduction littérale *pluies viriles,* les pluies sont violentes et orageuses accompagnées du tonnerre et de **la foudre** (*tchi vèla*). En mars, **ndolo un' kasi**, *pluies femelles,* les pluies sont moins importantes et plus faibles. On assiste durant cette période à la maturité des fruits et par conséquent à l'engraissement des animaux, du gibier et des poissons. Cette saison s'achève en mai avec le début du *froid*, **tchiosi.**

Mu tchi sifu (le terme **mangala** est peu usité) **:**
De juin à août, il ne pleut pas et il fait plutôt froid, surtout le soir où la température peut descendre jusqu'à 15°C. C'est à cette période que l'on procède au défrichage (**ku sole**) et à l'abattage des arbres en vue de la préparation des champs pour les semailles.

Mu minoka,
De septembre à novembre, c'est l'époque de la bruine, des petites pluies fines et du crachin favorable aux champignons (**buku**) ainsi qu'à l'abondance de la petite sardine (**sèdji**) en mer.

Mu.... *la saison, la période.*

La semaine **lu miingu**.

La semaine vili comporte quatre jours :
Ntoonu : premier jour de la semaine, favorable aux travaux et aux cultes fétichistes.
Nsilu : second jour de la semaine, favorable aux mêmes activités que le premier.
Nduka : troisième jour, pendant lequel toute activité est strictement interdite. Les contrevenants sont passibles de *mort immédiate*, **lufwa lu tchipingu.**
Sona : quatrième jour, il est aussi favorable aux travaux mais correspond aux jours où les récolteurs de *vin de palme*, **ma lafu ma saambe**, s'acquittent de leurs obligations vis-à-vis des propriétaires fonciers en leur attribuant **sona**, soit dix litres de ce délicieux nectar.
L'influence des échanges avec l'Occident a amené les vili à adopter la semaine de sept jours avec le dimanche comme jour de repos. Cependant dans les villages le troisième jour, c'est-à-dire le mercredi, reste un jour de repos, afin de conserver les droits acquis.

lundi	**lééndi**	**ntoonu**
mardi	**tchi mwaali**	**nsilu**
mercredi	**tchi tatu**	**nduka**
jeudi	**tchi na**	**nsona**
vendredi	**tchi ntanu**	
samedi	**sabala**	
dimanche	**lumingu**	

QUELQUES PREPOSITIONS ET EXPRESSIONS COURANTES

N'tangu	*Le soleil, le temps, l'heure.*
Ntangu mbata	*Le soleil au zénith*
Nkumunu ntangu	
Wola, zola	*Heure. Il est 7h 30 :* **Ièke sambwali li zola i méyi.**
Bi tchiètchièlu, bi bwisi	*A l'aube.*
Mène gwali	*Aube* (littéralement : *matin de perdrix),* le moment où les perdrix font entendre leurs chants.
Mène	*Matin, matinée.*
Maalu me ntangu	*Rayons de soleil* (littéralement : *les jambes du soleil).*
Muni	*Journée, lumière du jour, chaleur du soleil.* Ce mot désigne aussi *le monde visible,* accessible à tous, initiés ou pas.
Munga bwilu	*Homme de la nuit.*
Ku lékema	*La descente du soleil.*
Me sindulu me ntangu	*Le coucher du soleil*

Kati ku bwisi, fe méyi bwilu	*Minuit*
Yusi tina	*Avant-veille*
Fe ntète, ku ntéte, li ntète	*Auparavant*
bwisi	*L'atmosphère, l'espace*
Bwisi bwa tchia	*Il fait jour. L'espace est devenu transparent*
Bwisi bwa kwile	*Il fait nuit. L'espace s'est assombri*
Si mbota niakala	*Il y a beaucoup d'étoiles*
Venus mbote ku vè	*Vénus n'est pas une étoil.*
Tchiosi tchi kéli	*Il fait froid.*
Niufu i kéli	*Il fait chaud*
Si sièmu si kéli	*Il y a des éclairs*
Bi vèle bi kéli	*Il y a du tonnerre.*
I a kuwa tchi vèle	*J'ai entendu le tonnerre.*
Vula sa i noka	*Il va pleuvoir*
Ièke ntagu si vula	*C'est la saison des pluies*
Bwisi bwèke tchi nanu	*Il est tard*
Ntagu mbi u kwisila ?	*Quand viendra-t-il ?*
Wa vange mi vu kwa wisilange afè ?	*Depuis combien d'années n'es-tu pas venu ici ?*
Mesikame tchiosi	*Ce soir, il fait froid*

Li ylu me vuèti me vuéti	*Le ciel est nuageux*
Un' bu wa dasuka	*La mer est agitée*
I siè zabeko, Isiè zaba ku vè	*Je ne sais pas*
Ku	*Au, à*
I	*Avec*
N'zumba, niakala, bi mpapa	*Beaucoup*
Bwau…	*C'est pourquoi...*
Mu mu kati	*Dans*
Mu	*En*
Ivandji	*Enfin*
Ku podivè	*Impossible*
Tchi lumbu tchi naa	*L'autre fois*
Taata **N'tu ku tate**	*Mal, malaise* *j'ai mal à la tête*
Mbi	*Mal, mauvais*
Tchiosko	*N'importe quoi*
Ko, kuvè **Moniko** Se traduit par **ko** suivi de **i mvaku** **I sié ku mona ko I mvaku** **Ee** **N'gèté, plus poli**	*Ne* *Non* *Non plus* *Je ne t'ai pas vu non plus* *Oui*
Ti bila, abu	*Parce que*

Kani, buni b'bale	*Peut-être*
Mu mbitchi ? **mu tchibile mbi ?**	*Pourquoi ?*
Oso ku	*Quel que soit*
Aku	*Tandis que*
Muloko, musoko	*Tantôt*
Sake i sake, kade tchi lumbu	*Toujours*
Indji	*Trop*
Tèèku	*Vers*
Ma, bonga	*Voici*
Bitatu	*Vous*
A mwa, mwana, **A mwamwane**	*Mon cher, cher ami*

EN VILLE

I mona ku tchièga li zaadu	*Je cherche le marché*
Luèku mbi lu ké lukuèku ?	*De quel côté est la plage ?*
Mu ku kote, ku futèè ?	*L'entrée est-elle payante ?*
Mi pataku kwa ?	*Combien cela coûte ?*
Kèle	*Attention !*
Masi ama ku nuèè ?	*Peut-on boire cette eau ?*
Kuni ku ké un' kaba li bamba liaku ?	*Où est le quartier de tes parents?*
I bonge li kumbi li ilu bu i mesika	*Je prends l'avion ce soir*

SALUER

Les salutations consistent à s'enquérir de la santé du ou des interlocuteurs en demandant comment s'est déroulée la nuit, sous entendu, si un songe l'a ou les a prévenu d'un événement à venir, puis comment il s'est réveillé ou se sont réveillés, ensuite. Et enfin, quelles sont les autres nouvelles, **bi kumbu**, qu'il ou ils tiendraient d'autres personnes. Il est d'usage de prendre des nouvelles de toute la famille : femme, mari et enfants.

Wéke. *Bonjour.*	**èè bwèke.** *oui bonjour*
Wa kotukè ? *Es-tu bien réveillé ?*	**èè a djéi ?** *oui et toi*
Baatchi buni ? *Quelles nouvelles ?* (que raconte-t-on ?)	**Mpolo voo.** *Pas de nouvelles*
Bwèkanu (bwèkanu bèno boso) ! *Bonjour à tous !*	**Eé bwèke djévakué !** *Oui, bonjour à toi aussi !*
Bwii ! (terme familier voulant dire : *Comment vas-tu ?)*	**Bwii** (terme imitant le choc du fer pour dire que malgré tout j'ai une santé de fer) *Je vais bien !*
Lwa kotukèè ? *Etes-vous réveillés ?*	**èè** *oui*
U ké bu botièè ? *Tu vas bien ?*	**éè** *oui*
Lu ké bu botiè ? *Vous allez bien ?*	**éé** *oui*
Li bambe buni ? *Et la famille comment va-t-elle ?*	**Be kwau bu boti.** *Ils vont (pour eux) bien*

Nitu yèke tchi nkatiè ? *Le corps va mieux ?*	**Moniko.** *Non*
Bé nuke bu botiè ? *As-tu bien dormi ?*	**Fwati kwandi toke.** *Juste un peu*
Un' kasi i bane be ké bubotièè ? *La femme et les enfants vont bien ?* *Comment vont la femme et les enfants ?*	**Un' nuni i li bambe be ké bubotièè** ? *Le mari et la famille vont bien ?* *Comment vont le mari et la famille ?*
A guli I ké kubèla ? *Et la mère qui est malade ?*	**Nitu ièka ti nkati.** *Le corps va mieux*

AU REVOIR

Mi ia kuède.	*Je m'en vais, je suis parti*
Yéyé **Yé**	*Au revoir* *Oui au revoir*
Ale vwal	*Au revoir*
Taata kuni ? *Où est Papa ?* **Maamaku kuni ?** *Où est ta maman ?* **Li bamba lianva ?** *Où est ta famille ?*	**Akuna.** *Là-bas* **Afa.** *Ici.* **I sié zaaba kuvè.** *Je ne sais pas*
A bèno ? **A bawu ?** **A bènu vèka ?** **A bavèka ?** **Djé mus mbi ?**	*Et vous ?* *Et eux ?* *Et vous-même ?* *Et eux-mêmes ?* *Tu es d'où ? (de quelle contrée ?)*

Luwu lu Pèmbe diège kuni ?	*Où est la rue Pembe Diège (de quel côté ?)*
Li vambu li sièfu nunuka fani ?	*Où est le carrefour de chef Nunuka (à quel endroit) ?*
Tchi nanuè ?	*Est-ce loin ?*
Moniko	*Non.*
Fe bèlema	*C'est proche*
Ndèvukila	*S'il te plaît*
Nati	*Emmène-moi*
Kuni u kalilanga	*Où habites-tu ?*
Ku osko	*N'importe où*
Menana maku	*Pardon (à toi)*
Me nana minu	*Pardon (à vous)*
Yenda sundikila nzo	*Va lui indiquer la maison*
A tchi mwamwana ise !	*Petit, viens !*
Ndési lu pangu	*Montre-moi la parcelle*
Ku ntwala	*Devant, tout droit*
Ku mu bakala	*A droite*
Ku mu tchièto	*A gauche*
Sikemanu a fa	*Arrêtez-vous ici*
Kuésinanu kuna	*Allez plus loin*

LES TRANSPORTS

Li kumbi li ilu lia kwènde	*L'avion est parti*
Li kumbi li masi	*Le bateau*
Fani be vingilanga si cal ?	*Où attend-on le bus ?*
Mi ké mu likumbi	*Je suis en voiture*
Yaka bondi me sine	*Je vais prendre le train*
I ntombe tike	*Je veux un billet*
Li kumbi lia fwa	*La voiture est en panne*
Mpanianu mioko	*Aidez-moi*

EN MER

Djé bé zaba ku sukè ?	*Sais-tu nager ?*
Bwatu bu wale li tongu	*La pirogue est pleine de poissons*
Me tanzi i si nkala sianva ?	*Où sont les huîtres et les crabes ?*
Maafu voo mu mbu	*Il n'y a pas de sangsues dans la mer*

LA MAISON

Kuartu	*La chambre*
Fola	*Salle de séjour, salon*
Nzo tchiétchi, tchikasiini	*Water-closed (w.c.)*
Tchivuku	*Salle à manger*
Mbédi, vranda	*Véranda.*
Tchi kuku, lilambulu	*La cuisine*
Tchikosu	*Salle de bain*
Ngaanda	*La cour*
Lu pangu	*La parcelle*

Mi tolu	*J'ai sommeil*
I mona ku lamba ku tchi kuku	*Je prépare le repas dans la cuisine*
Ndési kuartu	*Montre-moi la chambre*
Tchike tchianva	*Où se trouve le lit ?*
Mpani masi	*Donne-moi de l'eau*
Tu mbondi foto i bana	*Prend-nous en photo avec les enfants*
Tchi kasini kuni	*Où sont les w.c. ?*

Mbi u ntombe ?	*Que veux-tu ?*
I ntombe ku diègena fumu bisalu	*Je veux rencontrer le chef de service*
Ya zimbisi mi kandame	*J'ai perdu mes papiers*
Ba ku nkuimbe si mbongo	*On m'a volé de l'argent*
Ya vulekene	*Je suis « foutu »*
Ya fwa	*Je suis mort*
I vingaga si mbongo	*J'attends de l'argent*
Ya file si bongo ku mputu	*J'ai envoyé de l'argent en France*
Un' singa ku sumona ku liate ku vè	*Le téléphone ne marche pas*
Ya tèle ku bwale	*J'ai appelé la maison*
Wole mbi bu kanga ?	*A quelle heure a lieu la fermeture ?*
Wole mbi bu zibula ?	*A quelle heure a lieu l'ouverture ?*
Sayi sumbe tchime	*Je vais acheter quelque chose*
Ntangu mbi ku kwisile ?	*A quelle heure arrive-t-il ?*
Mi mwéni	*Je suis étranger*
Un' nzike	*Un autochtone*
Tchi payi	*Un planton*
Li sodadi	*Un militaire*

Kèle	*Attention, gare*
Bugèle	*Soigné, attentionné*
Ya tonda, Me tondi	*Merci (je suis satisfait)*
Ma nana,	*Pardon*
Manana ma kwama	*Pardon très appuyé*
Me bakala	*La droite*
Me tchiéto	*La gauche*
Tuba bu luèlu	*Parle doucement*
I sa kua ku vè	*Je n'ai pas compris*
Mbiti ?	*Quoi, qu'y a-t-il ?*
Mbiti o bio ?	*Qu'est-ce-que c'est ?*
Mbi u mona ku tubanga ?	*De quoi parles-tu ?*
Sisimini bubotti	*Précise bien*
Mbiitchi	*Laisse-moi*

A L'HOPITAL

Mi ku bèle	*Je suis malade*
Djé ku bèle !	*Tu es fou ! (tu es malade !)*
Djé wa bèle	*Tu as tort*
Tchivumu tchiènzo	*J'ai mal au ventre*
Tchi vumu ku tata	
Miake	*Démangeaisons*
Ku tuèke	*Avoir la diarrhée*
Nganga	*Médecin*
Un'songu	*Un mal*
Un' songu un' tu	*Des maux de tête*
Un' songu mènu	*Maux de dents*
Un' songu tufi	*L'envie de déféquer*
Ku tébila	*Mordre*
Ku tonzikini bèzi	*Réveiller la douleur de la plaie*
Nzala ku luka	*Avoir envie de vomir*
Wa buta bi basa	*Elle a accouché de jumeaux*
Ku busi	*Assister, aider à l'accouchement*
Tchi kosulu	*La toux*
Mwaana mona ku kosula	*L'enfant tousse*
Bi longu	*Les médicaments*
Wa fwa	*Il est mort*
Wa vulumuke	*Il reprend vie*
Wakwènde mpatchi	*Il a perdu connaissance*

A LA POSTE

Un'vialope	*Une enveloppe*
Un'kaanda	*Un papier*
Ku tèle fe singe	*Appeler par le fil / téléphoner*
Ku file un'kaande	*Envoyer une lettre*
Un' zika	*Un autochtone*
Mwééni	*Un étranger*
Makini	*Un appareil, une machine*

MIMIQUES ET EXPRESSIONS CORPORELLES

Un certain nombre de mimiques et de gestes permettent d'exprimer explicitement des sentiments, au même titre que des mots.

- Hausser les épaules signifie : **moniko,** *non*, refus
- Hocher la tête dans un mouvement de haut en bas **: èè**, *oui*
- Bouger plusieurs fois la tête de gauche à droite **: moniko,** *non*

- Un long sifflement, **ku ta lute,** exprime une surprise, une admiration, un excès
- Battre des deux mains mises en creux, deux à trois fois : **ku bule li suku,** exprime la surprise, la déception, l'étonnement

- Pointer l'index vers une personne est un geste d'affront, très irrespectueux, surtout vis-à-vis des gens plus âgés que soi : **ku tchiak tchi soo : su.** A proscrire dans les attitudes

- Se racler bruyamment la gorge **: ku tchètchima**, est une façon de manifester sa présence ou de demander la parole
- Se frapper légèrement une fesse en faisant mine de s'épousseter indique l'indifférence : *je n'en ai rien à faire, je m'en fous*

- Mettre la paume de la main sur la joue : **tchibofu mbu : mbe (tchibofo** *: le menton* **mbu, mbe** : *bouchée)* est une attitude de tristesse ou d'attention
- Se tenir le menton entre le pouce et l'index **(tchi ntata)** est une mimique d'interrogation et de réflexion
- Les deux bras croisés sur la tête, parfois accompagnés de l'expression **A fumu Zaambi** ! *O ! Seigneur Dieu !* est une réaction de détresse, notamment à l'annonce du décès d'un proche
- Oter ses vêtements devant une assistance et se baisser pour montrer ses fesses **: ku bandimina,** est un geste de mécontentement profond et de malédiction, d'autant plus

redoutable si l'auteur de la prestation est une vieille femme. Dans ce cas la malédiction est d'une envergure supérieure

- Se déshabiller devant une personne ou un groupe de personnes et faire des incantations en frappant son sexe : **ku fule bi baa gu** : *jeter un sort, maudire,* est un geste très redouté surtout s'il vient d'une femme

- Mettre l'index sur la tempe et effectuer un mouvement de rotation de gauche à droite signifie : « *tu es fou* ! »

1- LES ONOMATOPEES

Ayè — *Et toi ?*

A ! — Exclamation d'embarras

Amàa ! — Manifeste un constat d'excès, d'abus

Ayaa ! — Exclamation d'étonnement

Bàa — Traduit une action violente
Exemple : **bàa mù kooko** *brutalement sur le bras.* Bruit qui se produit lorsque quelque chose tombe subitement sur le bras

Biooo — *Rot* (roter)

Bôbôbô — Bruit de mamelle d'une nourrice qui court ou qui danse sans soutien-gorge

Buèè ! buèè ! — Est censé exprimer le fait de boire avec gourmandise

Bùu buù bùu — Bruit de quelque chose qui s'ébranle, s'écoule inexorablement, par exemple un grand arbre qui s'abat

Dâ dâ dâ — Bruit d'une goutte d'eau qui tombe ou qui suinte

Eéé ! — Exprime la volonté d'interrompre une action en cours ou d'interpeller quelqu'un sans égard

Kodo Kodo Kodo	Bruit de chaussure sur une voie bitumée **Un' Kodo,** c'est une *paire de chaussures* En réalité, **un'kodo**, c'est *la bagarre*. Ce nouveau sens de **kodo** a été donné récemment par des jeunes et appartient à l'argot vili. Le bruit des chaussures sur la route cimentée fait penser à une bagarre entre les chaussures et la route
Koo Koo Koo	Bruit que l'on fait quand on frappe à la porte. C'est une demande d'autorisation d'entrer ou de pénétrer dans un espace
Mbaan	Bruit de porte qui se ferme violemment **I a lumbe li vitu mbaan !** – *j'ai fermé la porte violemment* (en imitant le bruit) On emploie le verbe **ku lumbe**, *fermer,* qui exprime une action violente, accompagné de l'onomatopée, tandis que **ku kange** signifie *fermer* normalement
Pa pa pa, yalelaaa	*La vérité, rien que la vérité !* Sans fioriture
Pàa	Exprime une action subite, une gifle
Tchioô	Bruit que produit un aliment jeté dans de l' huile chaude
Wuluu wuluu wuluu	Cri de joie, d'allégresse et de victoire poussé lors des cérémonies notamment de mariage ou de visite d'un chef apprécié par la population
Yé yé yé	*Au revoir* réponse : **Yé**
Zâ zâ zâ	Bruit d'une tondeuse ou d'une paire de ciseaux. **Ku zake** – *tondre, couper*

2- LES ADVERBES

Bèlekètèè	*Maigre et sec* **Nawosu bèlekètèè** – *il est tout maigre*
Bolk'ni	*Sans énergie* / **Ku bwa bolk'ni :** *s'affaler*
Bololoo	*Sans force, sans parole, dénué de virilité*
Boluloo	*Sans goût, fade, insipide* **munù boluloo** – *bouche bée* **me lafu mamosu boluloo** - *le vin est fade*
Daamvu	*Gonflé, gros avec l'idée d'excès* **Tchivumù daamvu** – *le ventre gonflé*
Dèè	*Rester calme, sans rien dire* **I bé kala dè** *je suis resté imperturbable*
Diindi	*Tendu* tchi **vumù diindi -** *le ventre gonflé*
Doloô	*Silencieux,* s'emploie souvent sous la forme suivante **: swii doloo !** **Bwala buabosu doloô** – *la maison est toute silencieuse*
Fièè	*Attacher fort* **Tchikoni fièè** – *lien très bien serré*
Fion fion / fodô fodô	*Insulte ; imitation de celui qui raconte n'importe quoi, qui divague*
Fufute / fufutûu	*Flou, peu clair, ambigu*
Fudi fudii / fudi di	*Epars, état de ce qui est amoncelé de façon éparse*
Ialalàa	*Grand ouvert*

	Poti ialalàa *la porte grande ouverte*
Kèè	*Rester calme, sans réagir*
Kéketé	*Tenir ou attacher fort, dur et sec* **Nitû kéketé** – *corps dur*
Nûunga / nung nu nga	*Qui est captivé, qui attend de façon impatiente*
Papapàa ialalàa	*Dire franchement la vérité, parler sans détour*
Pü / pinini	*Hagard* **méso pinini** – *regarder fixement*
Sililii	*Raide, droit, dressé* **Ku télèma sililii** – *être debout bien droit*
Swii	*Silencieusement, sans bruit* **ku kala swii** – *rester tranquille*
Vàa	*Rempli, de façon volumineuse* **Ku wasi vàa** – *remplir entièrement*

Ces onomatopées, interjections et adverbes subissent parfois des variations selon les zones d'habitation, l'origine des interlocuteurs ou les sentiments qui les caractérisent.
Certains de ces termes deviennent des verbes lorsque l'on y ajoute le substantif **ku** pour les mettre à l'infintif :
- **ku dwiike** - *piquer, injecter*
- **ku fiète** - *pincer, serrer*

3- LES INTERJECTIONS

L'appréciation :

Hàa Appréciation de soulagement

Hàa Acquiescement accompagné d'un hochement de

	tête de haut en bas

L'émotion :

Hàà	Marque une bonne ou une mauvaise surprise
Hàmàa	Marque l'étonnement devant un événement heureux
Hhàii	Marque la surprise dans la souffrance, la réaction après un pincement
Hééé !	Marque l'étonnement devant ce qui est défendu
Yoo yoo !	Marque la surprise, l'étonnement
Hôooo…	Cri de pitié, de chagrin

Le défi :

Awuù	Mépris et défi
Ee	C'est une interpellation qui cache une menace Exemple : **hée Ku Kèle** – *fais attention !*
Iii (iii ta tandji)	Surprise désagréable, dédain
I tatèè ou bien **tataandji**	Marque le mépris profond. (surtout **i tatèè)**
Huuu !	Contestation et réprobation
Huum	*Toi aussi* … !

MOTS EMPRUNTES AUX LANGUES OCCIDENTALES

Comme les autres langues, le vili a gardé en lui la trace des nombreuses cultures qu'il a côtoyées. Il s'est ainsi enrichi en intégrant des mots nouveaux après transformation et adaptation. C'est ce qui en a fait une langue vivante à part entière. Il se dit d'ailleurs « **tchi vili bèmbo** » : le vili est une langue subtile.

Les mots ci-dessous nous montrent aussi l'influence et l'apport des différentes incursions que cette contrée a connues du fait, par ordre chronologique, des Portugais, des Anglais et des Français. Le passage des Arabes a été plus fugace ainsi que celui des Hollandais qui n'ont guère laissé de traces qu'au travers du « Patacon », l'ancienne unité de mesure, devenue ensuite l'unité de monnaie : ***un'* patacu**.

En effet, si ces Occidentaux ont perdu l'Afrique en général et le Congo en particulier lors du processus de décolonisation, il faut reconnaître qu'ils y sont restés fortement ancrés, par la culture qu'ils ont importée et en particulier la langue et les religions.

La langue vili est truffée de mots empruntés aux vocabulaires occidentaux et même, de manière sensible, aux Arabes. Ces emprunts créolisent un peu la langue, à tel point que les autres peuples, qui avaient moins de contact avec les Blancs, ont dit quelque chose qui est devenu célèbre au Congo : « les Vili sont des Blancs - ***un' vili tchi baa:mbe*** ».

Quelques exemples de mots et leur origine :

A/ Française

VILI	*FRANÇAIS*	ETYMOLOGIE
bidu	*bidon*	
cafi	*café*	
carvate	*cravate*	

casu	*caisse, cercueil*	
cusinièlu	*cuisinier*	
datoolo	*docteur*	
fèèlu	*fer à repasser*	
frutu	*fruit*	
karse	*pantalon*	caleçon
ku toyi	*nettoyer*	
kuartu	*chambre*	quartier
kumiza	*chemise*	
labele pa	*l'arbre à pain*	
lafdèlu	*blanchisseur*	laveur
lasola	*drap*	du mot linceul
lèta	*lait*	
litoyi	*torchon*	du verbe nettoyer
lu ngoo:su	*commerce : avoir le sens du commerce, être radin*	vient du mot français négoce
mpalulu	*le prix*	On dit surtout **lu vunu,** en vili courant. C'est le prix courant d'une marchandise. Le mot **mpalulu** vient du mot valeur. Dans **m'valulu**, le **V** a été remplacé par le **P,** plus facile à prononcer, surtout avec une pipe dans la bouche
nzane	*dame-jeanne (récipient en verre)*	
papèèlu	*papier*	
pèlèsu	*prison*	
pitloyi	*pétrole*	
polkudile	*peccadille*	
saa : cu	*sac*	
saalu	*sel*	sel
salbièta	*serviette*	
sukuli	*sucre*	

supu	*soupe*	
tchi tanda	*marché*	intendant
tchicole	*école*	
tchipitadi, lupitadi	*hôpital*	
un'tinu	*Etat*	Le siège de l'Etat au Congo était à l'hôtel Ottino de Pointe-Noire, du nom de son constructeur. Ottino est devenu par déformation **un'tinu**
zabenèta	*savonnette*	
zoni	*oignon*	

B/ Portugais

fofolo	*allumette*	fosforo
copu	*verre*	copo
cuisinièlu	*cuisinier*	cozinheiro
karse	*pantalon*	calças
kèsu	*fromage*	
ku goma	*repasser*	engomar
ku kandula	*repasser les habits*	ce mot pourrait venir de *candelar*, la bougie, parce qu'à l'époque on utilisait le fer à repasser à charbon. On frottait la bougie sur le fer encore chaud après repassage, pour le protéger de l'oxydation
ku limpa	*nettoyer*	
kuartu	*chambre*	quarto
kumiadu	*beau-frère,*	cunhado
lapi	*crayon*	lapis
lèta	*lait*	leite
lu ngoosu	*négoce*	negocio

lumingu	*dimanche*	domingo
mantéla	*beurre*	manteiga
mèsa	*table*	mesa
mputu	*France, Europe*	En fait à l'origine ce mot désignait le Portugal. Aujourd'hui, avec le changement de métropole, il désigne plutôt la France
mputulukèse	*Portugais*	portuguès
papèèlu	*papier*	papel
sabala	*samedi*	sabado
saboole	*oignon*	cebola
tchi timba	*pipe*	cachimbo
tchicola	*école*	escola

C /Anglais

li buku	*le livre*	book
water	w.c.	water closed
bwatila	*bouteille*	bottle
copu	*verre*	cup
doli	*argent*	Dollar, bien que certains le considèrent comme un diminutif de Doliprane, analgésique pouvant apaiser la douleur des soucis financiers
ku		To : permet de mettre un verbe à l'infinitif
li limanu	*le citron*	lemon
lu woyi	*oil*	pétrole
siopu	*échope, boutique*	shop
tchicole	*école*	School
mamaye	*nom donné à toute femme ayant épousé un Européen*	Mamy

mamy wata	*sirène vivant dans l'eau, qui a la morphologie d'une femme avec une queue de poisson à la place des jambes.*	Mamy : dame water : eau

D /Italien

makeni	*machine*	

E / Arabe

Tchilabu (**bi labu** *au* pluriel)	**tchi** : ce qui appartient à **labu** : *arabe*	Qui appartient à l'arabe. C'est à l'origine une fausse perle en verre teinté dont les négriers se servaient comme monnaie pour l'achat des esclaves
Bi labu	signifie *un collier*	

TRADITIONS ET CULTURE

1- LES CONTES ET PROVERBES

On ne soulignera jamais assez la place centrale et le rôle déterminant des contes et des proverbes dans une société de l'oralité et plus particulièrement en pays vili.
En effet, outre leur rôle ludique, moral et civique dans l'éducation, ils sont d'un intérêt incontestable dans le règlement des différends juridiques, familiaux, ainsi que dans les jugements, mariages, naissances, etc.
Ils confèrent à une communauté une cohésion et des liens relevant d'éléments historiques, cosmogoniques, sociologiques et spirituels qui contribuent à son unité.

Les contes **si noongo**

Ils rapportent les mythes et légendes qui fondent la société loango dans son ensemble. Les contes se narrent le soir après les travaux de la journée et le repas. S'il arrivait de dire un conte le jour, il faudrait avant tout conjurer le sort en mettant une bûchette ou une brindille derrière son oreille. C'est un moment privilégié de la journée pour la famille, qui permet de se retrouver et d'instruire les plus jeunes. Jadis, il se déroulait autour d'un feu, dans le silence le plus complet, laissant généralement la parole aux grands-parents ou au patriarche.
La narration d'un conte est une liturgie animée, obéissant à des règles bien établies. Elle se fait exclusivement le soir et commence toujours par une incantation dont la traduction nous est inconnue : « **mbakela mpane mbaranwèèè** » dite par le conteur et à laquelle l'assistance répond : « **Ayèèè !** ». Ceci peut être répété pendant le conte, dès que le narrateur a le sentiment que l'attention de l'auditoire s'émousse. A la fin, il est demandé aux plus jeunes la morale du récit. Une conclusion et une recommandation sont faites par le conteur pour clore la séquence.
Ces récits tendent à expliquer l'origine de toute chose.

Exemple : La malédiction du tailleur.

Une vieille dame, par temps de pluie, demanda un jour au tailleur de lui donner de quoi se couvrir, car elle avait froid. Celui-ci refusa. Elle lui fit remarquer qu'il avait des chutes de tissu qui pourraient bien remplir cette fonction. Agacé par l'insistance de la vieille dame, il la chassa, prétextant qu'il ne pouvait disposer à sa guise des étoffes que lui confiaient ses clients, même pour lui venir en aide.
Alors la vieille dame lui dit, que cela n'avait pas d'importance, mais que, désormais, il ne devrait plus jamais utiliser le moindre morceau de tissu pour un usage personnel. Sur ce, la vieille dame s'en alla.
Un soir de pluie où il faisait froid, le tailleur alla chercher sa belle *couette en patchwork* **un' léle bi mpilu,** qu'il avait confectionnée avec les chutes des plus beaux morceaux de pagne de ses clients. En allant se coucher, il se couvrit avec sa belle confection aux motifs géométriques. Après une excellente nuit bien reposante, il se réveilla le lendemain transformé en *tortue*, **maséko**.
Voilà pourquoi la carapace de la tortue a des motifs géométriques.
Dans ce conte ce sont l'avarice et le manque d'humanité qui sont dénoncés. La recommandation est faite de porter secours à son prochain.
Ce conte peut être repris à différents niveaux de compréhension accessibles à tous et ésotériques.

Les proverbes **Bi ga:na**

A la différence des contes, ils sont plus courts et tiennent en une ou deux phrases. Les proverbes peuvent être dits à tout moment de la journée et résument généralement une situation ou des faits qui pourraient être délicats ou, tout au moins, assez longs à raconter.
Ce sont des pensées et des paroles qui relèvent de l'expérience et de la sagesse des anciens.
Un usage à bon escient des proverbes est la preuve d'une bonne maîtrise de la langue, d'une part, mais aussi d'une excellente connaissance de la tradition.

Aujourd'hui, il est de bon aloi de citer un proverbe dans une situation fort à propos, même si l'on s'exprime en français dans la communauté vili de la diaspora afin de marquer son attachement à ses origines.
Les proverbes rendent compte d'un domaine où se confondent mythes et réalités.

Etudions brièvement un proverbe :

Ku sèèmbe bi kuumbu, ku sèèmbe bi ndaale bwala.
Blâmer les panthères, blâmer les habitants de la cité.

S'il faut blâmer les panthères, il faut aussi blâmer les habitants de la cité : en d'autres termes les torts sont partagés.
Ce proverbe évoque une époque lointaine où les cases n'étaient pas fermées. A la nuit tombée, les habitants imprudents se contentaient d'un feu dans la cour, pour effrayer les bêtes féroces. Cependant il arrivait de temps à autre qu'une panthère entrât dans les cases et dévorât une personne dans son sommeil.
Il s'en dégagea donc la morale suivante : certes les panthères étaient condamnables de délaisser leur territoire, la forêt et de s'attaquer aux hommes, mais ces derniers étaient aussi bien imprudents de ne pas fermer leurs cases, sachant qu'il y avait des bêtes féroces dans les environs.
Ce récit met en exergue un certain nombre d'éléments qui nous renseignent sur le passé.
On comprend pourquoi le mot ***porte*** est emprunté au français : **li vitu** (*la vitre*, car les premières portes étaient vitrées). En fait de panthère, certaines étaient, selon l'acception vili, des personnes qui, la nuit, se muaient en animal et commettaient ces méfaits. Or il semble que ce fétiche aurait une origine ou serait commun à celui du royaume Téké, ce qui tend à confirmer les solides liens fraternels et les constants échanges bilatéraux qui perdurent entre les deux royaumes, Téké et Loango.
Enfin, la panthère est surnommée dans la légende **moè-ngo.** Elle est désignée par son titre de noblesse **moè** qui veut dire prince ; elle a souvent été l'animal emblématique du pouvoir et de la puissance royale. On retrouvera d'ailleurs la racine **ngo** dans Loango, Kongo, Kakongo, Ngoyo et chez les Téké il devient **nko nko**, qui donnera **Makoko**, comme **Maloango**, **Makongo, Magoyo**… désignant les souverains de ces royaumes.

On pourrait penser aussi que la panthère dévorant les habitants n'était qu'une allégorie désignant le prince ou le roi qui avait dévoré dans un rite mystique **(ku nimbi)** un habitant de la cité. Les juges, pour atténuer la responsabilité du souverain, ont affirmé que les torts pouvaient être partagés, car c'était l'imprudence des gens qui provoquait cette fatalité à les transformer en victime. En fait, ils étaient d'une certaine manière responsables de leur malheur !
La prudence, le respect et parfois le louvoiement étant un trait de caractère du Vili, le proverbe lui permet d'exprimer un sentiment qui ne sera pas forcément compris par son auditoire, mais qui aura pour son auteur le mérite d'avoir été dit, surtout si le destinataire n'en perçoit la finesse que beaucoup plus tard. Au-delà d'une certaine dextérité orale, cela peut s'inscrire aux limites du manque de courage et de la perfidie.

Quelques proverbes

Tchi sièèle u ta luta, kulu fe suku.
Le récolteur de vin sifflote, le pied bien calé.
Suku : *entaille dans le palmier.*
Un' loko : *hurlement d'allégresse.*
Celui qui chante dans une situation délicate a certainement pris des précautions de sécurité.

N'lési u ise i yaka.
Le tubercule de manioc vient avec sa fibre.
N'lési: *longue fibre au milieu d'une tubercule de manioc.*
(li) yaka : *manioc, tubercule de manioc.*
Chacun naît avec ses défauts.
Chacun naît avec son caractère et ses habitudes.

Me lafu me bi tchi basu n'kuku.
Le mauvais vin sent très mauvais.
me lafu : *le vin*
tchi basu : *puant, mauvaise odeur*
N'kuku : *beaucoup,*
Le tonneau vide fait beaucoup de bruit.

N'kisi nzo u lende be ku n'lungile m'baasu.
Le fétiche de la maison déteste celui qui attise le feu.
n'kisi nzo: *Le fétiche de la maison.*
Lènde: *déteste*
Lungile: *attise*
M'basu : *le feu*
Se dit de celui qui est ingrat vis-à-vis de celui qui a contribué à son épanouissement.

U kule n'zi fe tufi.
Il a chassé une mouche des excréments !
(Qu'est-ce que cela pouvait bien lui faire puisqu'il n'en mange pas !)
Il est tellement avare qu'il chasserait une mouche de la merde !

Bwale i n' kundji, tchi yémbi ku zaabe vè.
Dans l'unité et la solidarité, on ne peut reconnaître celui qui est faible et pauvre.
L'union fait la force.

Ku laka likale ku m'buse, ku baka uni u n'tambula.
Si tu jettes un morceau de charbon dans ton dos, assure-toi de celui qui le rattrapera.
Il faut savoir assurer ses arrières.

N'sasi, n'sasi, m'lisi n'lisi.
Le travailleur travaille et le nourricier nourrit.
N'sasi : Celui qui fait travailler.
N'lisi : nourricier
Ceux qui font le travail n'en sont pas toujours les bénéficiaires.

N'guli m'bi be tu mange ku vè.
Une mauvaise maman ne se refuse pas.
On ne peut rejeter sa mère, quelle que soit sa nature.

Ku mange biyoku bi mbanza, ku kange si sosu.
Si tu transportes un paquet de lattes, il faut attacher les bouts.
Si tu veux la paix dans ta maison, il faut y installer la discipline.

Ku zole butèèle bu n'tchima, ku vitika mi duumbe.
Si tu aimes chasser le singe, tu dois t'attendre aux chutes.
Si tu exerces une activité à risque, attends-toi à des désagréments.

M'béli- aku luéli, ku i fingune, ku vutule mu lu kutulu.
Si ton couteau te blesse, essuie-le et remets- le dans son fourreau.
Si l'un des tiens t'offense, pardonne-lui.

Lafu u walile mu béti.
Le vin se remplit goutte à goutte.
La sagesse s'acquiert petit à petit.

Mphungu be'sia butila mambu ko, sola bi tébi nana u mane.
Le gorille n'a pas été calomnié par hasard, il a bien englouti le champ de bananes.
Il est bien coupable de ce dont on l'accuse, son vice est connu de tous.

Masèko u vundila ngolo, sia baka un' tèle kuèè
La tortue qui a trop attendu n'a pas pour autant hérité d'une grande taille.
Un homme trop patient n'a pas toujours gain de cause.
A force de trop attendre, on perd tout.

Malu me na, fe tchica un'kanu.
Quatre pieds dans un lit, c'est une dette.
Un couple dans un lit, cela crée des obligations.

Buku bu tufi, u tumune buau, muéni.
Le champignon qui pousse sur les excréments ne peut être récolté que par un étranger.
A beau mentir qui vient de loin.

Susu u tchidili lu vési.
La poule ne sévit que sur le cafard.
Il y a toujours plus faible que soi.

Lu vési u fundila un'kanu fe ngande susu.
Le cafard est allé se plaindre d'une dette à la cour de la poule son prédateur.
En d'autres termes : *Le cafard va revendiquer ses droits auprès de son prédateur naturel !*
Se dit de quelqu'un qui sera condamné avant d'être jugé.
Ku butene i mutu, un'kanu.
Etre apparenté à une personne est une dette.
Les liens de parenté créent des obligations.

Tchi suéndji u mona n'lilu, u bikila be ndinga be tola tchi fundu.
Le colibri qui a vu les victuailles les a laissées au pigeon vert qui a un plus gros gosier.
Se dit d'une personne qui ne profite pas de ce qu'elle a créé.

Mwana susu ku kambu ku siata, ku lia vè.
Le poussin mourrait de faim, s'il ne grattait pas le sol.
Il faut gagner son pain à la sueur de son front.

Fo, tchili i mèno, fa fuénikini ku lia mi kandi.
C'est quand on a encore des dents qu'il faut manger des amandes.
Il faut battre le fer quand il est chaud.

U vunda na u lia bi boti.
C'est à l'homme tranquille que reviendront les bonnes choses.
Tout vient à point à qui sait attendre.

Fe tianga ti nzau tu kééli.
Nous n'attendons plus que les dernières heures pour le malade.
Son sort est scellé.

Me ngolo me nga andu ku masi.
La force du caïman s'exerce dans l'eau.
Chacun est maître chez soi.

Munu tchi tèku tchi ku kèbe.
La bouche est un réservoir à manier avec adresse et mesure.
La langue est la meilleure et la pire des choses.

2- L'ALIMENTATION

La situation géographique de son territoire, entre côte, littoral et forêt assure à la population vilie une alimentation (**bi lia)** variée et équilibrée, qui ne lui a jamais fait défaut. Les Vili pourront donc bénéficier de l'ensemble des produits de la mer et de la grande forêt du Mayombe, mais aussi de ceux issus du commerce avec l'Europe et le royaume Batéké.
Citons quelques mets :

Bi lilu, *légumes d'accompagnement*

- **Mi sèlu** *pain de manioc* de 6 centimètres de long sur 3 centimètres de large, un complément alimentaire typiquement vili, de fabrication domestique et non commercialisée,
- **Si ntiimbe** *tubercule de manioc doux* bouilli.
- **Bi gwèle** *pain de manioc* de dix centimètres de long et cinq centimètres de large.
- **Bi kwage** *pain de manioc* deux fois plus gros que **bi gwèle.**
- **Loso** *le riz.*
- **Bi tébi** *la banane.*
- **Si mbala** *les patates.*
- **Si mbale si me dènge** *les ignames.*

Les principaux mets seront confectionnés à base de *poisson* **li tongu**, de *poulet* **susu**, de *viande* **goombi**, de *gibier* **bi bulu bi nsitu**.
Les risques de putréfaction des aliments liés à la chaleur du climat ont fait adopter un certain nombre de méthodes de conservation. On peut citer:

- *le fumage* **kwage**

Il est réalisé par les chasseurs dès qu'ils ont tué leur gibier, si celui-ci n'est pas consommé dans les heures qui suivent. On en fait du **bisi i yume,** *chair séchée.*

Il est également pratiqué par les femmes sur *la claie,* **fe tchiage**, pour obtenir *du poisson fumé,* **li tongu li yume.**

- le *salage*

C'est une méthode de conservation introduite par les Portugais et facilitée par la proximité de la mer avec la production du sel. Celui-ci joua d'ailleurs un rôle capital dans les échanges commerciaux qui assuraient la prééminence des Vili dans le royaume.

Poisson salé **li tongu li ku salile** ; il est aussi désigné par **lisambu.**
La similitude phonologique des termes suivants ne saurait nous échapper, quand on les rapproche du mot « salaire » en français : quantité de sel qui permettait de rétribuer un travailleur :
saalu : *le sel*
ku sale : *travailler /choisir*
tchi salu : *le travail* **tchi sasi** *le travailleur*

Le piment était aussi une épice connue pour conserver la viande.

- *le semi-fumage* **li basu mwèke**

Il consiste à sécher légèrement, par fumage, du poisson ou de la viande.

Citons quelques mets typiques de la région :

Mwambe	*Sauce graine (purée de péricarpe de noix de palme) à la poule, au poisson ou au gibier*
Supu li tongu	*Soupe de poisson*
Li vuumbe	*Cuisson à l'étouffée*
Bi lia bi yoko	*Grillades (aliments grillés)*
Tchi lèmbi	*Feuilles de manioc pilé à la mawmbe ou à l'huile de palme*

Amuse–gueules :

Si mpiide	*Arachides bouillies avec la coque puis cuites dans le sable chaud, sucrées ou salées*
Me koko	*Amande de noix de coco* *Amande de coco râpée et sucrée*
Me mpète	*Amande de jeune noix de palme*
Si nguti	*Tubercule de manioc doux*

Citons deux recettes simples :

Tchi tébi tchi yoko, *la banane cuite sous la cendre chaude*

Prendre une banane mûre ou à moitié mûre (**fubile fubile)**, la débarrasser de sa peau et l'introduire dans la cendre chaude d'un feu de bois. Attendre une demi-heure. Retirer la banane et s'assurer qu'elle est cuite, puis essuyer la cendre avant de la déguster. Une variante consiste à réaliser la même recette en introduisant la banane dans la cendre chaude sans enlever la peau.

Li vuumbe, *la cuisson à l'étouffée*

Après avoir coupé la viande ou le poisson en morceaux, l'assaisonner (saler et pimenter) à sa guise et poser-le tout sur six couches de feuilles de bananier ou de manioc. Rassembler le bord des feuilles et attacher-le tout avec une ficelle, en formant ainsi une bourse. La cuisson se fait dans une eau portée à ébullition ou, mieux encore, en enfouissant la bourse obtenue dans la cendre chaude d'une cheminée ou d'un feu de bois. Le résultat est indicible !

Mi nzala.	*J'ai faim*
Mi nzala voo.	*Je n'ai pas faim*
Djé kei nzalè ?	*As-tu faim ?*
Ya kukutu.	*Je suis rassasié*
Wa liè ?	*As-tu mangé ?*
U lia li kundiè ?	*Prends-tu un fruit ?*
Vage mèse.	*Dresse la table*
Botela mèsa.	*Débarrasse la table*
Sukula mioko.	*Lave tes mains*
Bi boti.	*C'est bon*
Ya tonda.	*Merci*
Mi bé bizole.	*J'aime bien*
Mphule masi.	*J'ai soif*
Mphani masi.	*Donne-moi de l'eau*
Bilia abibi biboti.	*Cette nourriture est bonne*
I ntombe me lafu.	*Je veux de l'alcool*
Bube tu vékile mu kulia.	*Nous sommes invités à déjeuner (ou à dîner)*
Tchi koso kuni ? Tchi kasini kuni ? Nzo tchièti kuni ?	*Où sont les toilettes ?*
Uvuk'un boti owo.	*Bon appétit*

Me kundi, *les fruits*

Nsènge, mi nsège (pl.)	*Canne à sucre*
Li lolo, me lolo (pl.)	*Papaye*
Lianga, manga pl.)	*Mangue*
Me ginge (pl.)	*Cerise acidulée*
Li fubu, me fubu (pl.)	*Ananas*
Li lalanzi, li lale	*Orange*
Me lalanzi (pl.)	
N'krosol	*Corossol*
Si mvuta (pl.)	*Baie rouge à la peau épaisse et poilue, se présentant en grappe*
Si sake (pl.)	*Prune sauvage conférant un goût sucré à tout ce qui est mangé par la suite*
Ngéyèfu	*Goyave*
Li voka, me voka (pl.)	*Avocat*
Bi tébi (pl.)	*Banane*
Nkumunu (très apprécié des gorilles)	*Noisette sauvage (abondante dans la forêt du Mayombe)*

Les fruits se mangent à tout moment de la journée en fonction de la saison et sont généralement cueillis par les enfants et les femmes.

Me lafu, *les boissons*

Malafu	*Boisson alcoolisée*
Masi	*Eau*
Lu gwile	*Jus de canne à sucre (légèrement alcoolisé)*
Li bumbulu	*La bière*
Fiolo	*Liqueur*
Lomu	*Rhum*
Ma bilounga	*Rhum Négrita*
Melafu me saambe	*Vin de palme*
Vini	*Vin*

3- LES ANIMAUX

Li tongo *le poisson*

Tèle	*Baleine*
Li kalala	*Bar*
Tchilondo	*Bar royal*
Tchiwurtu	*Bar royal (plus gros)*
Si kaange	*Barbillons*
Bigine	*Brochet*
Tiala	*Carpe*
Un' sikbila	*Congre*
Tchipapelapangu	*Disque*
Nkoka	*Fretin*
Li sundji / me….(pl.)	*Hareng*
Li kwale / me….(pl.)	"
Mpuli	*Mâchoiron d'eau douce*
Tchièndo	*Mâchoiron de mer*
Tchisunze	*Mulet*
Likwimbimbi	*Capitaine*
Duku daka	*Requin*
Sédji	*Sardinelle*
Li bondo	*Sole*
Ngola	*Silure*

Bi bulu bi masi a*utres animaux aquatiques*

Me tanzi, li tanzi (sing.)	*Huîtres*
Nkala, si nkala	*Crabe*
Nkosa, mi nkosa (pl.)	*Langouste*
Tchiula, biula(pl.)	*Grenouille*
Kukula(li), ma...(pl.)	*Coque*

Bi bulu *les animaux*

Mbwa qui vient de **wa ! wa !**	*Chien*
Niaw qui vient de **niaw ! niaw !**	*Chat*

Nkumbi	*Rat de Gambie*
Sibisi	*Agouti*
Nkabi	*Antilope*
Nzau	*Eléphant*
Nziku	*Chimpanzé*
Nzobo, connu depuis toujours pour le caractère tenace de l'odeur de sa matière fécale. Il peut faire de grands trajets afin de déféquer au même endroit.	*Civette*

Tchimbungu	*Hyène*
Nvubu	*Hippopotame*
Ngombi	*Boeuf*
M'bulu	*Chacal*
Ngulu masi	*Rhinocéros*
Ndjélèndji	*Ecureuil*
Li mémi, qui vient de son cri **mè !**	*Mouton*
Nzungundi	*Libellule*
Tchikumbu	*Panthère*
Kuvalu	*Cheval*
Buulu	*Ane*
Ngombi n'tiètu	*Vache*
N'gulu	*Cochon*
N'gulu n'situ, n'gulubu	*Sanglier*
N'gulu bwale	*Porc, cochon*
N'kombo	*Chèvre*
Tchi kuéi	*Lapin*
Ntchima	*Singe*
Tchi kumbu	*Léopard*
Ngo, nkosi ;dans les contes il est appelé **Moé ngo** *le roi Lion*	*Lion*

Bi tutu *Insectes et arachnides.*

Nzi, (lu), (si)	*Mouche*
Fuabuli, (li), (ma)	*Guêpe*
Niosi, si...(pl.)	*Abeille*

None, (lu),	*Fourmi*
(si) Buba (li), (ma)	*Araignée*
Nènga, (tchi), (bi)	*Scorpion*

Si nioca *Reptiles*

Mbome	*Boa*
Lu gwèna	*Caméléon*
Un'duma	*Naja*
Mpili	*Vipère*
Ngadu	*Caïman*
Nioka : ce terme veut dire en langage codé : *Dispersez-vous, la réunion est finie.*	*Serpent*
Tchi mbolo	*Crocodile*
Kakelabongo	*Margouillat*
Mpandi(tchi), bi….(pl.)	*Lézard*

Si nuni *Oiseaux*

Nuni	*Oiseau*
Viodo	*Moineau*
Ntiéti	*Fauvette, roitelet*
Tchisuéndji, bel oiseau minuscule au long bec courbé.	*Colibri*
Susu mbakala	*Coq*
Susu tchétu	*Poule*
Mwana susu	*Poussin*
Funzi	*Pintade*
Ngwali	*Perdrix*
Mphiapi, tchinowe	*Calao*
Nkafage	*Corbeau*
Ntote nti	*Pic noir*
Mbulukoko	*Touraco géant*
N'kusu, tchiaku. Ce terme désigne aussi les personnes stériles que l'on compare aux perroquets sans progéniture, en captivité.	*Perroquet*

Li bèmbi li tchiduka	*Tourterelle*
Diinge	*Pigeon vert*
Li bembi	*Pigeon*
Tchi vadaangu	*Canard*
Bémbi	*Mouette*
Nunvu	*Vautour*
Ngwanuni	*Aigle*
Lusutchi	*Epervier*

4- L'EDUCATION

L'éducation dans cette société tient une place primordiale et constitue une valeur importante. Le respect et la politesse font partie des vertus premières de l'être, venant avant la noblesse du sang et la richesse matérielle. Une famille est d'autant plus respectable que ses enfants sont bien élevés. Cette qualité est un critère important en vue d'une éventuelle ascension sociale. Ainsi les Vili sont reconnus pour leur éducation stricte et rigoureuse, le fruit sans aucun doute d'un comportement modelé par l'exercice de l'administration du royaume pendant plus de cinq cents ans et d'une grande crainte des *divinités* **ba kisi**.

Tous les actes de la vie quotidienne sont codifiés et obéissent à des règles précises.

La non-observance ou la transgression de certains *interdits* **biina** affecte non seulement leur contrevenant, mais aussi l'ensemble de la collectivité. Les dysfonctionnements qui en résultent peuvent être de différents ordres :

- social : troubles, dissensions familiales, discordes aux conséquences multiples ;
- sanitaire et endémique : apparition de *maladies* **mi songo** ;
- climatique et environnemental : *famine* **tchi buyu**, déplacement des clans.

Il est donc nécessaire et exigé que tous en soient informés, notamment au travers des cérémonies rituelles qui ont lieu à l'occasion de la naissance, du mariage, du deuil, du **tchikumbi**, de la circoncision, etc.

5- LES INSULTES

L'invective est une pratique très courante en Afrique. Elle exprime la colère et le mécontentement vis-à-vis d'un tiers. Les conséquences peuvent en être très fâcheuses si elles s'adressent à une personne âgée à qui l'on doit le respect.

Mama'ku !	*Ta mère !(nique ta mère).*Insulte suprême
Songo nguliaku	*L'intimité de ta mère*
Busu buke nkosi	*Le visage comme un masque* *Tu es aussi hideux qu'un masque*
Ma mbinli (suivi du nom de la personne) **Ma mbili nkala**	*Hideux* C'est aussi une divinité, **nkisi** *Le hideux* **nkala**
Tufi tuaku	*Merde, je t'emmerde*
Un' boka (suivi du nom)	*L'écervelé.....* On dit de quelqu'un qu'on déteste *: «* **mboke me mbili** *»,* sans citer de nom.
Un'boka	C'est une divinité **nkisi,** ainsi que le confluent de fleuves aux eaux violentes, très agitées
I luaka	*Je m'en fous*
Fuiin !! **(kufiotena)**	Sifflement produit les lèvres allongées pour exprimer le mécontentement et l'injure.
Fwa !!	*Meurs !!*
Tchi mpilipipi, tchi zuye, tchi tuta, tchi zubzuba	*Une crapule* *un roublard*

Yenda kuna ! *Fous le camp !*

Yenda néni ! *Va chier ! Merde !*

Yeda wa nuti *Va te coucher !*

A tchibulu, a bwa ! *Animal, chien!*

6- DU SYSTEME MATRILINEAIRE

Le système matrilinéaire que l'on trouve essentiellement chez les Bantous trouve son explication chez les Vili dans la structure sociale.
La tradition orale rapporte une justification par le mythe suivant.
L'organisation sociale est très structurée et très hiérarchisée. Elle est basée sur un respect absolu des règles établies (**Tchi loango**: *le respect)* .
Tout manquement est sévèrement réprimé. Une des formes de châtiment consistait à prendre en *otage* (**tchi vika**) ou (**li vika)** un membre de la famille comme gage de la responsabilité collective vis-à-vis de la faute commise par l'un de ses membres et afin d'obtenir *réparation du délit*, **li bumi.**
Il y a très longtemps, l'animal domestique d'un clan alla mordre *la momie* (**tchi bingu)** d'un dignitaire défunt. Cela déclencha la colère du clan de sa famille. L'affaire fut portée devant *les juges* (**ku ganda si siéfu**) qui condamnèrent le propriétaire de l'animal à payer une *amende* (**mpaku**) .
Compte tenu de l'importance de la momie, le montant fut élevé et la famille contrevenante n'avait pas les moyens de s'acquitter d'une pareille somme.
Il fut alors demandé au chef de clan de donner une personne en *otage* (**fe tchiifi**) dans l'attente du paiement de la dette. Il alla consulter sa première épouse pour avoir l'autorisation de donner l'un de ses enfants en attendant d'honorer ses engagements. La femme refusa tout net et sans appel, affirmant que les enfants étaient à elle et bien à elle. Il n'était aucunement question qu'elle sacrifie son fils.

Il fit la même démarche auprès de chacune de ses trois épouses et la réponse fut identique. Alors, il alla voir sa sœur et fit la même requête. Celle-ci lui répondit sans hésiter : « Le sang est sacré, mon enfant est mon sang. Tu es mon frère ; ton sang est le même que le mien. Ton sang est celui de mes enfants, choisis-en un et fais pour le mieux ».
Le frère prit l'un de ses neveux, le donna en gage en attendant de s'acquitter de sa dette, puis au bout de quelques mois paya celle-ci. L'ordre et l'harmonie avaient été sauvegardés dans le village.
Depuis, s'est édifiée une morale selon laquelle l'homme prend soin de sa sœur et de la progéniture de celle-ci. Un système matrilinéaire s'en est institué, selon lequel la transmission de l'héritage se fait d'oncle à neveu.
Cette pratique qui est une règle chez les Vili a aussi cours dans le groupe Kongo, ainsi que chez la plupart des Bantous.

7- « **TCHI KUMBI** »

C'est un rite de passage contenant un ensemble de cérémonies d'initiation et de fécondité qui avait pour objectifs :

- D'informer et de prévenir la collectivité et les communautés voisines de la présence d'une jeune fille nubile en un lieu donné ;
- De préparer la jeune fille à sa future fonction sociale dans une société matrilinéaire. Pour cela, elle était informée tout au long de cette initiation de tout acte dévolu à la femme : soins du corps, sexualité, maternité, danses, divertissements, gestion d'un foyer, ainsi que des mythes et des nombreux interdits ;
- De trouver un époux à la jeune fille.

Il permet d'intégrer la jeune fille au groupe des adultes.
L'organisation de la cérémonie se fait en quatre étapes :
1ère étape : préparatifs immédiats.
Ils ont lieu dès que l'on se rend compte que la jeune fille a eu ses premières menstruations, entre quatorze et seize ans. La famille se retrouve alors pour établir le calendrier des événements et dresser la liste des objets nécessaires à la cérémonie. Parmi ceux-ci, on compte :

- **paduk,** *bois rouge*
- **tchi sèka,** *gros sable blanc*
- **tukula,** poudre de *pigment végétal rouge* obtenue par le frottement des deux premiers
- **milunga,** *bracelet en fer* à porter aux jambes du pied au genou et aux bras puis du poignet au-delà du coude
- **tchizimbu**, *anneaux profilés* traversés par un long fil que l'on enroule de quatre ou cinq tours autour du cou de la jeune fille
- **djikida,** *anneaux en plastique* de diverses couleurs également traversés par un fil et qu'on enroulait de cinq ou six tours autour des reins.
- **ma paape** *sandales*

Li keindi *étoffe blanche* qui sert à confectionner *la jupe* **lisani** et **tchi saku ntulu**, *morceau de tissu* qui sert à couvrir les seins

Tous les effets et parures de **tchi kumbi** étaient trempés dans **tukula**

Après cela, il convenait de définir le rôle de chacun pour les achats et surtout pour la mise en scène de la « circonstance » au cours de laquelle la jeune fille serait approchée par surprise, **ku buile tchi kumbi**

2ème étape : Préparatifs à l'approche de la cérémonie

- Approvisionnement en aliments et en boissons pour la fête
- Prévoir un groupe d'animation musicale, des instruments de musique : **tchi yenge**, **nsanza**, **si ndungu**
- Prévoir un homme robuste chargé d'attraper la jeune fille, car celle-ci se débattait généralement très vigoureusement et pouvait réussir à s'échapper. Dans ce cas de figure, la cérémonie était annulée car ce rite était censé être réalisé sans l'assentiment de l'intéressée

3ème La cérémonie

C'était l'occasion d'une véritable fête pour la collectivité avec abondance de mets, boissons et danses. Passées la surprise et la rudesse des premiers moments, la jeune fille était traitée avec beaucoup de respect et d'égards tout au long de son initiation. Celle-ci pouvait durer d'une semaine à trois ou quatre mois, voire plus. A l'issue du temps minimum, la fin de la cérémonie était déclenchée par la démarche d'un prétendant auprès de la famille.

Il arrivait qu'une famille dote une fille dès sa naissance ou avant l'âge d'un an. Tel était souvent le cas dans les familles jouissant d'une excellente réputation sur le plan de l'éducation, d'abord, de la fécondité, ensuite, et de la santé, enfin.

4ème La fin du rite

Elle avait lieu un samedi et commençait l'après-midi. La jeune fille était accompagnée à la rivière dans une ambiance de carnaval et elle y était baignée par ses majorettes, **bana be nkama**, qui l'avaient accompagnée et servie tout au long du **tchikumbi.** Elle etait ensuite revêtue d'un pagne, signe de son nouveau statut de femme, puis accompagnée au village à l'heure du crépuscule pour participer à nouveau à de grandes festivités avant qu'un dernier cérémonial ne la conduise à son époux.

Cette tradition en voie de disparition chez les Vili persiste encore bien que de façon symbolique en pays cabindais.

8- LE MARIAGE

Le mariage est une institution trop sérieuse pour en laisser la seule responsabilité à deux personnes, fussent-elles les premières concernées.

C'est l'occasion de rapprocher deux familles pour créer une cellule destinée à perpétuer l'espèce humaine.

De nos jours, on distingue le mariage civil et religieux, à l'occidentale, couramment pratiqué, et le mariage traditionnel permettant de sceller des liens entre les deux familles selon la coutume. Toute personne qui y déroge s'expose à certaines déconvenues qu'elle sera amenée à réparer tôt ou tard. En effet le mécontement occasionné par ce manquement grave peut avoir pour conséquence une absence de progéniture pour le couple.

De nos jours le mariage coutumier se déroule suivant un cérémonial en trois étapes :

- Première étape : **un' bule nkungu**. (**Ku bule si nkugu** = *causer.*) C'est la première causerie au cours de laquelle les parents du jeune homme demandent aux parents de la jeune fille si celle-ci est libre

- Seconde étape : **un' kotu lumbu**. Si la réponse à la question posée au « **mbule nkungu** » est positive, le jeune homme et ses parents reviennent confirmer leur désir de prendre la jeune fille en mariage
- Troisième étape : **tchiufu** ; c'est la troisième visite, au cours de laquelle les modalités sont précisées. Il arrive souvent qu'elle soit plus discrète et laisse plutôt une plus grande place au **tchibanza,** au cours duquel on effectue le versement de la dot, accompagnée des cadeaux traditionnels et symboliques

9- LA NAISSANCE

C'est un événement heureux et hautement symbolique. Si l'enfant est un garçon, c'est un futur oncle, donc un chef de famille potentiel. Si c'est une fille, elle devra assurer la survie de la lignée, car la tradition vili est régie par un système matrilinéaire.
Afin de s'assurer de la croissance régulière du nouveau-né, ses parents lui font porter des bracelets en *tissu bleu* (**li bundi**), autour des poignets, des chevilles et des reins. Quand ces derniers commencent à serrer, on conclut que l'enfant a grossi.
C'est une méthode empirique, mais sûre pour contrôler la croissance et le poids du nourrisson. Chez les filles, les bracelets en tissu sont remplacés par *des colliers de perles* (**bi labu).**

10- LA CIRCONCISION

Les Vili ne pratiquent pas l'excision. Cependant, les petits garçons sont tous circoncis au plus tard à la fin de la deuxième année. Cette cérémonie se déroule suivant un rituel précis à la fin duquel, on sert à l'enfant un plat succulent à base d'œuf et de coq.

11- LA MALADIE

Elle révèle un dysfonctionnement des relations entre le patient et son environnement social. Celui-ci peut être de divers ordres :

- Entre le patient et sa famille : le mécontement d'un oncle, d'une tante, des parents ou d'autres membres influents peut être préjudiciable à la santé. Ceci nécessite une *enquête*, **ku tési,** menée par un **nganga** qui désigne le coupable et le mobile. La guérison peut être obtenue suite à une réunion familiale, au cours de laquelle la personne incriminée se *confesse*, **ku fungula,** exprime ses regrets, **me nioonzi,** à l'issue desquels elle reçoit satisfaction de ses attentes
- Entre le patient et les *divinités*, **ba nkisi.** Tel est le cas lorsqu'un *interdit,* **tchina,** a été transgressé. Un intercesseur, **nganga be kisi,** intervient pour contribuer à organiser la cérémonie de réparation de l'offense faite aux divinités
- Entre la famille du patient et une autre. Celui-ci peut subir les conséquences d'un acte répréhensible causé par l'un des siens
- Il peut provenir d'un mauvais sort jeté par des gens mal intentionnés.

Quel que soit le cas de figure, il y aura toujours une version occidentale et une version traditionnelle de la maladie, qui nécessiteront le plus souvent une thérapie moderne et une thérapie traditionnelle pour s'assurer d'une parfaite guérison !
Cet aspect non naturel de la maladie reste ancré de façon persistante dans les esprits, même les plus modernes et les plus évolués de ceux qui vivent loin du pays. En effet, il a contribué à l'exode des jeunes du village et, surtout, à leur crainte de s'investir dans le développement de la terre natale, craignant d'éveiller l'attention des sorciers.

Rappelons cependant quelques éléments de la pharmacopée vilie :
- Le **safutier**. Les feuilles de l'arbre infusées soignent la coqueluche et la bronchite
- Les feuilles de pervenche soignent le diabète, la coqueluche, le paludisme
- **Lifuka-libwisi** soigne la constipation, l'hypertension, les dermatoses, l'eczéma, les champignons, la teigne
- La feuille de pervenche mélangée à celle de tomates soigne les hémorroïdes
- **Makaya me si ngungu** soigne la rougeole

- **Makaya me frutu,** ou *feuilles de corossolier,* soignent la toux et la bronchite
- **Si saku saku** soigne l'asthme et la coqueluche
- **Bi bunzi** s'emploie pour les bains de siège des femmes en couches
- **Makaya me géyéfu,** *les feuilles de goyavier,* soignent la diarrhée et la dysenterie
- **Makaya me voka,** *les feuilles d'avocatier,* soignent l'hypertension
- **Un' kula bi niumba** soigne la toux, l'hypertension et la bronchite
- **Si tuunzi si me vèso,** *les nouvelles pousses de bambous,* soignent l'hypertension
- L'œuf de poule naine, mélangé au lait non sucré et à du calaba (sorte de roche calcaire comestible) soigne les maux d'estomac et les gastrites
- **Mu bumbulu** soigne les coliques et les douleurs abdominales
- **Tchi tébi tchi luétchi,** *la banane sucrée,* soigne la diarrhée
- **Ma vuvumba** soigne le rhume, la toux, la fièvre, les céphalées
- **Si ngazi si nlolo,** *les racines de papayer,* soignent les maux de dents
- **Ma kaya me nlolo,** *les feuilles de papayer,* soignent le paludisme.
- **Liba li zambi** soigne la rougeole
- **Si tchofo si pumbu** soigne l'angine
- **Si tchofo si mbala,** *le gingembre,* soigne les hémorroïdes et la toux
- **Mefuta me mikadi,** *l'huile de noix de palme,* soigne la gale, les dartres, la teigne
- **Li limanu,** *le citron,* sert au nettoyage de la peau et atténue la toux
- **Un' kondo,** *le fruit du baobab,* soigne la diarrhée
- **Makokondo** soigne la diarrhée
- **Le miel** est un antibiotique
- La graisse de python (**mbome**) est un excellent cicatrisant
- Les pépins de papaye (**li lolo**) sont de bons vermifuges

12- LA FAMILLE

Elle est considérée ici au sens le plus large comprenant trois à quatre générations. Elle comprend ainsi les parents, les enfants, les cousins, les oncles, les tantes et les grands-parents.

Likanda, li koko	*La paume de la main*
Li kanda	*Comme les doigts de la main, tous ceux qui sont rassemblés dans une seule main et qui sont directement apparentés en fait, la famille maternelle*
Tchi fumba	*Le clan*
Mbutena	*La parenté, la lignée*
Nguli	*La mère, maternelle*
Tisia	*La famille du père, paternel*
Ntadulu	*La devise*
Tchibila	*Le sanctuaire où est pratiqué le culte de l'ancêtre divinisé* **nkisi si**
Tchina, bina (pl.)	*L'interdit lié au totem*
Li baamba	*Membre d'une famille liée par de véritables liens de parenté*

Le totem de la mère est prédominant par rapport à celui du père.
En effet, le sang est l'élément fondamental qui justifie la filiation matrilinéaire chez les Loango. Il est sacré.
A l'inverse, le sang menstruel a une connotation négative à telle enseigne qu'en période de menstruation **ku bwila** (ou **ku ngondi**)

la femme doit se tenir à l'écart de son époux et, bien entendu, éviter tous contacts et rapports sexuels. Dans cet état d'impureté, elle ne doit pas toucher les outils de chasse et de pêche, ni fréquenter les lieux sacrés.

Clans	Totem	
Kondi	*Sanglier, cochon*	**(ngulu)**
Tchigombi	*Perdrix*	**(ngwali)**
Tchimpwatufi	*Chimpanzé*	**(nziku)**
Ngwani mpili	*Perdrix*	**(ngwali)**
Tchimani	*Iguane*	**(mbambi)**

A chaque clan est rattaché un *totem,* **nvila,** animal, plus rarement végétal, adopté par un ancêtre lors d'un événement marquant dans l'histoire ou la vie de la famille. Il faut préciser qu'il n'est pratiqué aucune idolâtrie envers ce totem.
A chaque totem est associé un ensemble d'interdits.
Par le *mariage,* **li kuèla**, deux familles deviennent des groupes alliés **bi kwési,** *la belle-famille* (venant de la racine **ku kwéla** : *se marier*).

- **Bukwési** est la nature des rapports qui lient un conjoint et ses beaux-parents
- **Tchi kwési** ; c'est ainsi que les beaux-parents appellent leur gendre. Celui-ci nommera son beau-père de la même façon tandis que la belle-mère sera **un'kwékisi**
- **Un'kwékisi** sera aussi le terme utilisé par les parents de l'époux pour désigner leur *bru.* Pour la femme, sa *belle-mère* est **un'kwékisi** et son *beau-père* **tchi kwési**
- Mais il est plutôt d'usage de dire **taata** (*papa*) pour le beau-père et **maama** (*maman*) pour la belle-mère, ceci par équivalence avec la génération des parents dans le système de filiation
- **Bana bc nguli** est un terme englobant les frères et sœurs des deux clans mariés. Tous ceux-ci sont **nzali** (*beau-frère* ou *belle-soeur*) d'une fratrie par rapport à l'autre et se désignent par le substantif **mwayi.** Ils sont **nzali** entre eux et donc s'appellent **mwayi**. C'est aussi par ce terme que les

conjoints désignent leurs beaux-frères et belles-sœurs respectifs

- Les conjoints **un' kasi** (*l'épouse*) et **un' nuni** (*le mari*) sont unis par *le mariage* **ma kwéla**
- **Nkaka** (sing.) est le terme qui désigne les grands-parents paternels et maternels. **Si nkaka** (pl.)
- **Be tékulu** (pl.), *les petits-enfants*, entretiennent des rapports de plaisanterie avec les grands-parents **tchi nkaka.** Ils sont couramment considérés comme les petits-maris de leurs grand-mères pour les uns et les petites-femmes de leurs grands-pères pour les autres
- **Liziku** désigne la *cellule familiale* constituée du *père* **li sia**, de la *mère* **nguli** et des *enfants* **baana** (pl.). Ceux-ci les appelleront respectivement **taata** et **maama**
- **Taata** et **maama** sont aussi des termes par lesquels on désigne respectueusement un homme ou une femme qui a des enfants ou encore qui est de la génération de ses parents
- **Yaya** est le terme par lequel un *cadet* **nkomba** s'adresse à son *aîné* **tchi butu**, ou bien un petit-fils à ses grands-parents
- **Ma nkasi est** le terme par lequel une personne désigne le frère de sa mère **nguli nkasi,** *l'oncle maternel*
- **Nguli** est la mère génitrice mais aussi la sœur de maman qu'on appellera **maama**
- **Tchi fumba** est le clan maternel, tandis que **tchi sia** est le clan paternel
- **Li sia li tchètu,** le papa-femme, est la tante paternelle, la sœur de son père qu'on appellera **taate tchiètu**
- **Mwane bakala** : *le frère*
- **Mwanu tchètu** : *la sœur*
- **Si ndandu si be tékulu** sont les *arrière-petits-enfants*, alors que les *arrière-grands-parents* sont des **nkakulu** qui sont appelés **taata** et **maama**
- **Bane be nkasi** sont les *neveux*
- **Bane be kwélisi,** *enfants par alliance,* sont les enfants du clan du mari ou de l'épouse
- **Dina**, c'est ainsi que l'on appelle une personne ayant le même nom que soi

13- LA POLYGAMIE

Cette pratique qui consiste pour un homme à avoir plusieurs épouses a cours dans cette société. Elle trouve son explication dans certaines coutumes. Citons-en quelques-unes :

1- Le rite de passage de **tchi kumbi,** qui permet à une fille pubère d'être admise au rang de femme puis d'épouse, lie définitivement deux familles, pour le meilleur et pour le pire. Le divorce n'existait pas. Si pour quelque raison que ce soit, l'union devenait incompatible, les clans restaient liés et le mari était autorisé à prendre une autre épouse, surtout s'il y avait des enfants.

A l'issue du mariage qui avait généralement lieu entre quatorze et seize ans, il n'y avait aucune garantie de la *fécondité,* **ma buta,** de la jeune femme. S'il s'avérait qu'elle était incapable de procréer, il était proposé à l'homme une autre femme, afin de s'assurer qu'il n'en était pas responsable. Tout ceci se faisait avec l'assentiment de l'épouse. Si la tentative était fructueuse, les deux *coépouses* (**si mpale**) restaient ensemble et la première n'était pas rendue aux siens.

Ce type de foyer était désigné **li kwèle li mpale** le « *mariage polygame.* » Le rôle fondamental du mariage étant de perpétuer la lignée, le sang, il était inconcevable pour un foyer de ne pas avoir de descendance.

D'autre part lors du mariage, outre la dot et les présents visibles par tous, il aurait existé un apport invisible, mystique, de la femme à son mari permettant de conforter le rayonnement de ce dernier. Pour cette raison, il se devait de la garder malgré tout.

2- Pour les dignitaires ayant besoin de se prémunir contre les agressions et attaques de tous ordres, la polygamie permettait d'avoir plusieurs épouses qui contribuaient, par le jeu de leurs apports respectifs et variés (mystique, enfants, soutiens), de contribuer à ériger un foyer respecté et puissant à l'image d'une société composée de différents actionnaires.

3- tchi kuku tchi bwala *la part du village* est une femme de son village ou parfois une cousine (la fille de l'oncle maternel) que l'on proposait en mariage en plus des autres épouses existantes. Elle avait un double rôle : veiller à l'entretien de l'héritage familial traditionnel et engendrer des enfants appartenant au père, ce qui avait l'avantage de solliciter la bienveillance de leur oncle dont ils pouvaient aussi être les héritiers.

4- En période de menstrues, la femme devait s'éloigner de son époux pour n'avoir aucun contact physique, ni visuel avec lui. Elle était même amenée à déménager pour habiter quelques jours dans une case réservée à cet effet, **nzo bwila.**

5- L'allaitement du nouveau-né durait un an, voire deux, parfois davantage. Pendant ce temps, tout rapport sexuel était interdit à la femme afin de ne pas retarder et compromettre les premiers pas (**nzanza**) de l'enfant et sa marche. Avoir du mal à marcher **: ku bobe.**

6- La mortalité infantile dans cette région où le taux de croissance est encore très bas de nos jours favorisait les nombreuses naissances susceptibles de pallier ce fléau.

7- Enfin, l'esclavage, le travail forcé inhérent à la construction du chemin de fer, ainsi que les nombreuses maladies tropicales telles que la maladie du sommeil et le paludisme, sans parler des contingents envoyés aux différentes guerres mondiales, ont contribué à diminuer considérablement le nombre de mâles : il n'y avait pas assez d'hommes pour un nombre plus élevé de femmes.

De nos jours encore, une fille non mariée est une réelle préoccupation pour sa famille, même en cas de réussite professionnelle ou sociale de celle-ci.

14- L'ESCLAVAGE

Le propos ici comme plus loin n'est pas de justifier l'esclavage, ni de polémiquer sur le sujet, mais de présenter la conception de ce peuple sur différents problèmes de société dont celui du fondement de l'esclavage.

C'était le système utilisé pour contraindre les contrevenants aux règles établies en guise de rétention pénitentiaire.

Quand un délit était commis, une amende était fixée au contrevenant selon le droit coutumier. Si elle ne pouvait être acquittée, l'un des membres de la famille devait être « donné » en esclavage, **fe tchiifi,** et ne pouvait être rendu aux siens que lorsque la dette était soldée. Cependant, la personne était bien

traitée, à tel point qu'il arrivait souvent qu'elle ne regagne pas sa famille d'origine au terme de la sanction.
L'intégration de cette pratique dans la coutume, au fil du temps, avait atteint un niveau tel que l'esclave devenait totalement indispensable à l'organisation de la famille des maîtres, qui lui proposaient parfois une femme ou un homme à épouser pour consolider leur relation. Il arrivait que le chef de clan lui-même épouse une de ses esclaves ou la donne à l'un de ses fils. Les enfants issus de telles unions étaient appelés **bi fula.**
Dans certaines familles, les descendants de ces esclaves sont devenus les chefs de clans. Quelle promotion !
L'achat d'esclaves pour les Vili était d'autant plus facile qu'ils étaient les intermédiaires commerciaux entre les marchands occidentaux et le royaume Téké qui leur procurait beaucoup de richesses.
Par cette pratique, il était possible d'agrandir rapidement et artificiellement une famille, car cela faisait des bras supplémentaires pour les travaux des champs ou pour la garde, bref, pour imposer le respect aux autres.
Notons que le terme **boongo** en vili exprime l'argent mais aussi la descendance, la famille. Tous les moyens étaient bons pour l'agrandir.
Mais on pouvait aussi devenir esclave en intégrant une famille puissante, pour solliciter sa protection à l'issue d'un exil volontaire ou forcé.
Un autre avantage pour les chefs était que les enfants issus d'une union avec une esclave appartenaient à sa famille directe, en se démarquant du matrilignage. Un esclave était donc parfois davantage digne de confiance car il était totalement dévoué à son maître.
En définitive, cette organisation sociale est assez proche de celle des serfs, en Europe, à la même époque.

15- LES JEUX

Outre les jeux électroniques et autres jeux de sociétés, citons quelques-uns des nombreux distractions **biipe** et amusements **bi sakunu** pratiqués en pays vili :

1°- **libunga**
Ce *jeu* (**tchiipe**) est mixte. Les deux joueurs s'affrontent au milieu d'un cercle formé par *des spectateurs* (**bi tale sèbu**) qui chantent et frappent des mains pour les encourager.
Après avoir fait le choix de la combinaison gagnante, croisé ou non croisé, le principe consiste à tromper l'adversaire pour avancer le pied correspondant à la combinaison choisie. La partie est remportée par celui qui avance le même pied que son adversaire, si le choix de celui-ci était non croisé.

2°- un' lèlo
Jeu de garçon. Il consite à jouer à cache-cache dans l'eau. Il s'agit de surprendre les compagnons de jeu en nageant en apnée, **ku kota ti diodi,** pour les surprendre en apparaissant à chaque fois à un endroit différent. La désignation du gagnant se fait de façon collégiale et unanime.

3°- ku suame *se cacher*
C'est le jeu de cache-cache. Il est mixte.

4°- balu *le ballon*
Jeu exclusivement réservé aux garçons ; c'est le foot-ball, avec en guise de ballon *des feuilles de bananier* (**me kokondo),** enroulées dans de vieux chiffons.

5°- liyoto *la dînette*
Jeu mixte au cours duquel les enfants imitent les activités du papa et de la maman. L'on peut voir à cette occasion des petites filles porter sur la tête des charges importantes, un fagot de bois par exemple, pour tenter d'imiter leur maman.

6°- mi taambu *les pièges*
Jeu exclusivement réservé aux garçons, qui consiste à poser des pièges pour capturer les oiseaux et les petits rongeurs. Il concerne la tranche d'âge de dix à quinze ans. Pour éviter les risques de perte dans la brousse, il se pratique à deux ou trois. Ce jeu prépare l'adolescent à pouvoir trouver de quoi se nourrir par soi-même. Pour ce faire, il apprend à reconnaître les oiseaux et les arbres qui les abritent en fonction de leurs fruits, et ainsi s'initie à la cueillette. C'est une véritable action ludique d'éducation à

l'environnement qui sensibilise les garçons à l'importance de l'écosystème. Elle est généralement complétée par la chasse au lance-pierre.

7°- mwane pupe *la poupée*

Ce jeu, exclusivement réservé aux filles, consiste à jouer avec une poupée en chiffon, que l'on a pris soin de fabriquer avec les aînées. Cela peut se résumer à *porter la poupée sur le dos,* **ku bade mwane ku busa**. Il n'est pas recommandé aux garçons de jouer à la poupée pour ne pas être la risée de leurs petits camarades et susciter l'inquiétude de leur mère.

8°- si ngogofi *gili gili*

Pratiqué avec les petits, le jeu consiste à les amener à rester impassibles et à ne pas rire quand ils sont chatouillés au niveau des oreilles et des genoux.

9°- mbondo

Il se joue le soir sans distinction d'âge ni de sexe, avec des noix de palme. C'est un jeu de mémoire au cours duquel le joueur doit deviner le numéro d'une des dix noix lancée par l'autre.

10°- ***des sports***

a) **n'tinu** *la course de vitesse*
b) **ku take** *sauter, pratiquer le saut*
c) **ku zuguna** *flâner, faire de longues marches à pied*

11°- Minoki

Lors de cette activité ludique mixte, on utilise sept cailloux. L'un d'eux est jeté en l'air d'une main et le joueur doit tenter de le rattraper après avoir récupéré les six autres cailloux répartis deux par deux sur le sol, puis par trois…
Le gagnant est celui qui parvient à rattraper le caillou jeté en l'air, avec la plus grande quantité de cailloux.

12°- djéké

Ce jeu se pratique avec des *paris,* **sète,** qui sont rangés en *parts,* **bi kuuku.** Il faut quatre petites coquilles de coques, **me kukula** (autrefois très abondantes dans la contrée mais aujourd'hui disparues). Elles sont mélangées dans le creuset formé par les deux paumes de la main, puis on les laisse tomber en écartant celles-ci. Le gagnant est celui qui obtient une coquille tournée du côté concave et l'autre coquille du côté convexe.

13°- ***modélisme et maquettisme***
Une pratique encore courante de nos jours est l'élaboration de modèles réduits de voitures, camions et avions. Les matériaux utilisés sont le fil de fer et, **me vèwu**, le coeur de la tige séchée du palmier, **li ba likunza**.

16- LES NOMS ET PATRONYMES

Li zina, (me zina)	*Le(s) nom(s)*
N'kumbu (si nkumbu)	*Prénom(s) ou pseudonyme(s)*
N'luku	*Nom d'un aïeul donné à un enfant*

Ils révèlent l'appartenance à une lignée et le lien au *sol*, **un' totu**. Selon la tradition, les enfants ne sont pas tenus de porter le nom de leur père. Ils peuvent cependant porter le *patronyme d'un aïeul* **un' luku** ou d'un membre de la famille choisi par le père. Une autorisation spécifique doit être formulée auprès du père ou de sa famille, par la mère afin de déroger à cette pratique. Cette dérogation s'obtient toujours après l'acquittement d'un droit de transgression, fût-il symbolique. Cette coutume est d'autant plus surprenante qu'elle survient dans le cadre d'un système matrilinéaire. Le membre de la famille ainsi honoré, **ndusi,** devient un parrain. Elle explique le fait que, dans certains cas, les membres d'une même fratrie ne portent pas le même nom.

Ku luka li zina	*Donner le nom d'un aïeul*
Li zina li bwala	*Le nom du village*
Li zina li batèmo,	*Le nom de baptême ou Prénom*

Li zina li zambi

De nos jours, **un' luku** persiste mais ne figure pas sur l'acte d'état civil.
Citons quelques noms :

Noms masculins	Noms féminins
Loembé, Loemba	Lèlo
Sumbu	Massanga
Mabiala	Mouissou
Mabiala	Mpadou
Mpangou	Mpèmba
Mpaka	Nkambsi, Tchikambsi
Nombo	Nzinga
Bouity	Tchigombi
Batchi	Tchissafou
Tati	Tchitula

Noms mixtes

Panzu
Tchizinga
Tchibouanga
Bouanga

Certains patronymes ont des pseudonymes propres :

Patronymes	**Pseudonymes**
Bouity	Doosu
Batchi	Fall, Fall
Bouanga	Manini
Boumba	Kouaba
Loembé	Moumboukou
Makaya	Katane
Makosso	Kotodi
Mavoungou	Bayonne
Poati	Souklati

Tchibayi	Voumbi
Tchicaya	Lwangou

Origine de quelques noms :

Sauthat	L'ancêtre de cette famille s'appelait **N'guli mbwiti** (Grand maître) **Loembe**. Le nom **sot'**, qui fut transformé en **Sauthat** est un surnom que ses contemporains lui donnèrent parce qu'il avait en outre de grands talents de musicien **Ku sot lumbu** : *entonner une chanson* Ainsi s'appelait-il **Nguli bwiti Loembe lu sot**
Bayonne	L'ancêtre, un certain Mavoungou, était le fidèle cuisinier d'un administrateur colonial français, originaire de la ville de Bayonne (en France). Il disait souvent à Mavoungou : « Je t'emmènerai à Bayonne ». Ce dernier parlait tellement de son futur voyage à Bayonne, qu'on l'appela Bayonne, comme seront appelés plus tard les autres Mavoungou
Demauzer	L'ancêtre de cette famille était un homme robuste et fort. Il fut surnommé « *De mauzer* » du nom d'un fusil allemand
Fayette	*Tailleur, couturier* Le premier Européen qui introduisit ce métier dans la région s'appelait Fayette
Makosso	Viendrait de « Marcos » en portugais
Mayordome	Viendrait de *majordome*. Le métier de son respectable aïeul est à l'origine du nom
Nguli-mbwiti	Grand-maître ou grand féticheur
Portela	L'ancêtre fut un chef de convoi formé de plusieurs porteurs, d'où ce nom

Sinald	Nom propre de personne. Le nom authentique de l'aïeul de cette famille est **Tchilimbu**, *le drapeau.* Il abandonna le nom vili au profit du synonyme en portugais « **sinal** qui veut dire signe, signature, marque » afin de se différencier des autres Tchilimbou

Les noms consacrés
Me zina me bisuma

Ils donnent des informations sur les conditions et circonstances de la naissance de ceux qui les portent.

Nguli basa	Femme ayant accouché de jumeaux. Elle jouit d'une certaine considération et de respect au sein de la société
Futi	Né après des jumeaux ; il présenterait, selon la tradition, de bonnes dispositions pour réussir
Mamaye	Femme mariée à un Européen **(un' kasi bi baamba)**
Nkumba	Né après Futi, il possède des dispositions spirituelles spécifiques
Nsafu	Dans son jeune âge, ses premières dents de lait commencent à pousser sur la mâchoire supérieure
Nsafu bwile	Femme qui conçoit sans jamais avoir eu de menstrues. Elle subit le même rite que les jumeaux
Nsunda	Enfant s'étant présenté par le siège à la naissance et sorti des entrailles de sa mère par les pieds et non par la tête
Nzinga	Enfant né avec le cordon ombilical autour du

	cou. Il est considéré comme ayant d'excellentes chances de réussir sa vie
Tchibasa	Enfant jumeau. Il exige une attention particulière sur le plan traditionnel

Autres noms : **Bisi, Makudu, Kutana, Tchibinda…**
Signification de quelques patronymes :

Balou	Sévère en vili. Viendrait du nom Barros en portugais, le « l » remplaçant le « r » en vili
Bouanga	*Tisserand, tissu*
Boumba	*Halo de lune*
Koutana	*Faire concurrence*
Loembe Loemba	*Propriétaire, celui qui a* **Tchi loembe yake tchi ku dèfe kuvè** *C'est au propriétaire, ce n'est pas un dû*
Louzimbou	*Ingratitude*
Mabiala	*La folie, l'élu*
Makaya	*Les feuilles*
Makosso	*Commentaires, gouttes dans les yeux, argumentation*
Mambou	*Affaires, beaucoup, trop*
Moutou	*Personne*
Ngoma	*Instrument de percussion, tam-tam*
Paka, mpaka	*Doute, incertitude,clôture*
Pambou	*Grelot, aptitude, apte*

Pèmba *Virginité, vierge*

Poati *Porte-moi, habille tout mon être*

Tchikaya

Tchikaya est le dimunitif de **tchikakati** , *a chose de l'intérieur,* qui désigne le *placenta.*

Un proverbe dit :

Mwane ku basika, tchikayi ku basika
Tchia kambu ku basika, n'guli ku vioke

Si l'enfant sort (naît), le placenta doit aussi sortir, sinon la maman meurt.

La sortie du placenta, c'est la délivrance de la mère ; c'est donc la vie. *Le placenta*, **tchikayi**, est le symbole de la vie.

Le nom Tchikaya n'a aucun rapport avec **likaya,** *la feuille (d'arbre*), ni encore moins avec **likayi li tchètchi** ou **likakayi,** *petite feuille.*

L'écrivain congolais **Tchicaya u tamsi** portait bien le nom Tchicaya comme son père le député Jean-Félix Tchicaya. L'explication de **tchicaya** par *petite feuille* dans ce contexte est totalement inexacte.

Quant à la partie **U Tamsi**, elle peut avoir deux sens.Si nous écrivons ce nom en trois mots séparés **U Tam Si**, il veut dire *qui a craché (rejeté) son pays.* Ce n'était certainement pas dans l'intention du père du futur écrivain d'attribuer un nom aussi négatif à son fils.

Par contre, si nous écrivons : **U Ta Me Si**, cela signifie alors :

U	*Qui*
Ta	*Raconte, traite, harangue*
Me	*Ce qui est de, du*
Si	*Pays*

« *Celui qui raconte ou qui traite les affaires ou les choses du pays* ».

Cette phrase, qui est au présent, s'écrirait de la façon suivante au futur : **U Nta Me Si** ce qui veut dire :

« *Celui qui, plus tard, racontera, traitera les affaires du pays* ».

Le pére de **Tchicaya U Tam Si** fut le premier parlementaire congolais. Si ce nom doit être écrit au présent **U Ta Me Si**, cela

veut dire qu'en appelant ainsi son fils, il parlait de lui-même : je suis l'homme qui traite, qui arrange les affaires du pays. Il est fort probable que ce nom ait été prophétiquement donné au fils en rapport avec ce qu'il devait devenir plus tard, un écrivain de grande renommée.
Dans ce cas il s'écrirait : **u nta me si.**

On peut dire, à la lecture de ce qui est énoncé ci-dessus, que les noms portés par une personne contenaient déjà une somme d'informations intéressantes et précises. Celles-ci permettaient à un interlocuteur avisé d'identifier et de situer son vis-à-vis, **bwéni**, afin de déterminer la nature des rapports qu'ils pourraient établir entre eux.

17- LES DANSES

Comme dans de nombreuses contrées en Afrique, la danse a toujours occupé une place capitale dans la vie quotidienne, exprimant tantôt la joie, tantôt la douleur et accompagnant parfois une cérémonie d'initiation. Quel que soit le cas de figure, elle est un élément essentiel de la culture bantoue. Elle a subi, au même titre que la langue, des évolutions et des modifications au gré du temps et des échanges avec d'autres civilisations.
La danse est une forme d'expression des Vilis que nous sommes amenés à classer en plusieurs catégories :

1°- Danses de joie et d'allégresse

- ***Me tchiatchia.*** Elle est une danse qui ressemble à la rumba, mais en plus saccadé. La musique se joue avec entre autres, un long tam-tam de trois mètres environ appelé ***un' ndaa:de***
- ***Tchi kobi.*** Elle est semblable au meringué. L'instrument spécifique utilisé ici est un tambour carré sur lequel on frotte le talon, ***tchi kobi,*** d'où son nom
- ***Un' limba***. Elle consiste à effectuer une ondulation du corps allant des épaules aux reins. Cette danse est surtout exécutée par les jeunes filles nubiles, ***tchi kumbi***.

- ***Baina.*** Elle est analogue à la valse viennoise. Les femmes sont habillées avec des vêtements semblables à la tenue traditionnelle de fête des Antillaises : grande robe à dentelle, très volumineuse, portée avec un chemisier à manches courtes et un foulard sur la tête

- ***Lélikage.*** C'est une danse effrénée très appréciée par les jeunes pour son caractère langoureux. La cavalière se suspend au cou de son cavalier d'où le mot **lélikage (ku lélika** : *pendre*). Se danse en se frottant vigoureusement le bas-ventre contre celui de son partenaire, le tout, de façon torride et très suggestive quant à la concupiscence de ses sentiments

2°- Danses rituelles et initiatiques

- ***Un' bembo***. C'est une danse d'intronisation pour les familles royales et leurs descendants. Cependant à la mort de ces personnalités, comme ce fut le cas pour Martial Loembé Sauthat du clan de Kondi, on a dansé **un'bembo (ku tchin un' bembo)**

- ***Tchi'kandi***. C'est une danse pour la cérémonie des jumeaux. En effet dans cette tribu comme chez les Bantous, les jumeaux **(bi baase)** sont des enfants sacrés liés aux divinités **(un'kisi si).** Ils sont censés apporter l'abondance

Le rituel se produit trois ou six mois après la naissance. La cérémonie traditionnelle se prépare uniquement avec les hommes (***ta baase***) ou bien les femmes **(ma nguli baase)** qui ont eu des jumeaux

- ***Li'bôka***. Elle est exécutée exclusivement par les féticheurs et les initiés, **nganga un' niambi**

3- Danses funèbres

Me'suku. Elle a lieu de quatre heures à six heures du matin, avant l'enterrement, tout en pleurant le défunt
L'on assiste, aujourd'hui, à un retour de ces danses, avec une modernisation de la musique grâce à des groupes talentueux tels que **Bane bu libungu** et **Bane be siane.**

18- UN INSTRUMENT DE MUSIQUE : LE TAM-TAM

Les cinq tam-tams présentés ci-dessous, constituent les instruments généralement utilisés par les Loangos dans les différentes cérémonies accompagnant la vie : danses locales, veillées funèbres, initiations fétichistes, sortie des jumeaux, retraits de deuil, animations religieuses, cérémonies de prières, fêtes nationales, etc.
Voici quelques détails sur l'usage de chacun de ces cinq tam-tams et leur désignation locale.

1° - **Dinzi**

Ainsi désigné, ce petit tam-tam porte le nom du son qu'il produit lorsque la mélodie débute. C'est lui qui donne le ton avant que le **ngoma** entre en action. Il convient de signaler que les numéros 1 – 2 - 3 et 4 se complètent et s'harmonisent, créant ainsi un rythme très entraînant et apprécié de tous.
Cependant dans les petites cérémonies comme celle des jumeaux (**tchi nkandji**), le **dinzi** et le **ndungu** peuvent suffire. Ils sont soumis aux mêmes conditions de réglage et d'entretien. Pour en jouer, le batteur s'assied dessus comme sur un banc et frappe sur la peau tendue du tam-tam. Le réglage se fait en brûlant de l'herbe sèche, que l'on fait passer sur la peau pour la détendre, afin d'obtenir un son qui convient au batteur.

2° - **Ngoma** ou **ndungu**

Son diamètre est plus grand et, par conséquent, le son en est plus ample. Il porte le nom de **tchi vrumba.** Comme pour le premier, ce nom désigne le son qu'il émet, ressemblant à un vrombissement. Le batteur s'assied dessus et frappe aisément. Le mode de réglage est le même que celui décrit ci-dessus. Il peut, à l'occasion de certaines cérémonies, être le seul instrument.

3° -**Ndanda**

Il mesure près de vingt-cinq centimètres de diamètre à une extrémité, celle qui est recouverte de la peau que l'on bat, et douze centimètres à l'autre extrémité.
La particularité du **ndanda** est d'avoir ses deux faces couvertes de peau, mais une seule est utilisée pour battre la cadence. Le corps cylindrique est de trois mètres de long. Les deux faces sont tendues grâce aux lanières en peau de mouton ou d'antilope. Le réglage du son s'effectue en versant un demi-litre d'eau dans le corps du tam-tam par un orifice spécifiquement percé au milieu de sa longueur, puis en le balançantde gauche à droite pour bien humidifier la peau recouvrant chacune des deux faces. Il faut ensuite défaire le nœud fixant la peau déjà installée, puis tirer sur les cordes et lanières, pour tendre la peau et refaire un nœud. Ce réglage étant assez long, il n'est effectué qu'une fois avant le début de la cérémonie.
Le son de ce tam-tam est assez percutant, moins, toutefois, que celui du **ndungu** ou **ngoma** bien que plus volumineux. Cela est dû à sa longueur. Dans l'ensemble, c'est le **ndanda** qui rythme le mieux (**li laame**) *la cadence* des danseurs.
Il est couramment utilisé dans les cérémonies, de palabre et de droit coutumier par exemple, chez les grands chefs pour rythmer les chansons, les proverbes et les applaudissements.

Ndinzi, ndungu et **ndanda** sont exigés dans les grandes cérémonies.

4°-**Ndungu merènge**

C'est un tam-tam de jeunes, de création récente, pour le meringué. Il se joue debout. Il est très utilisé dans les orchestres de jeunes, les veillées mortuaires, les groupes vocaux, les cérémonies religieuses, les chorales et les danses modernes. Il mesure près d'un mètre trente centimètres de hauteur, pour vingt-cinq centimètres de diamètre. Le réglage du son se fait comme dans les trois premiers cas.

5°-**Patèngé**

C'est le modèle utilisé pour la danse de **tchikobi.** Il est en bois, avec un cadre rectangulaire de trente à cinquante centimètres de long sur trente-cinq centimètres de large. En fait, il peut être rectangulaire ou carré; il se joue en se servant des mains pour battre la cadence et du talon pour marquer le rythme.
Le réglage du son se fait en chauffant la peau du tam-tam avec un feu d'herbes sèches.

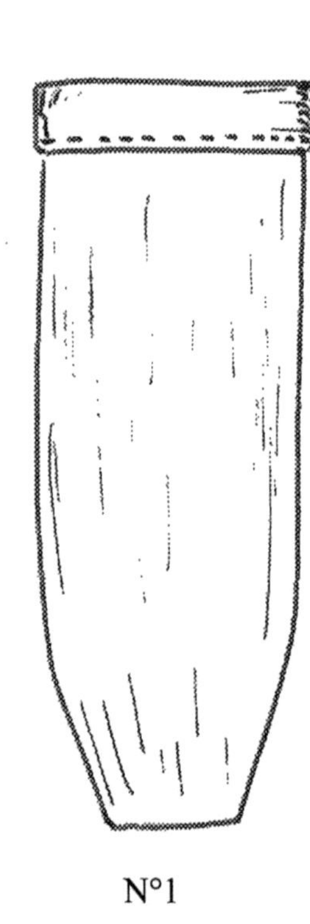

N°1

DINZI

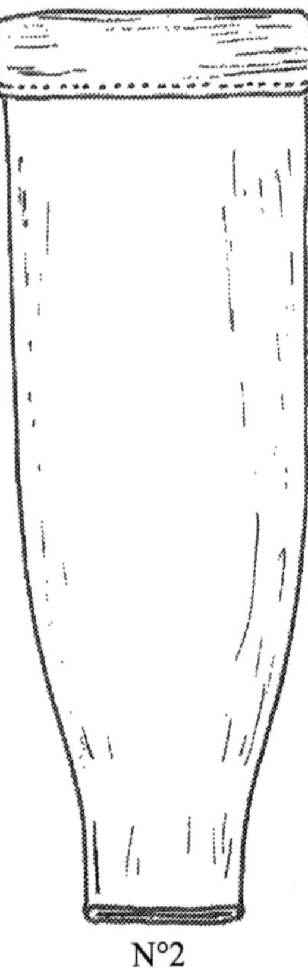

N°2

NGOMA

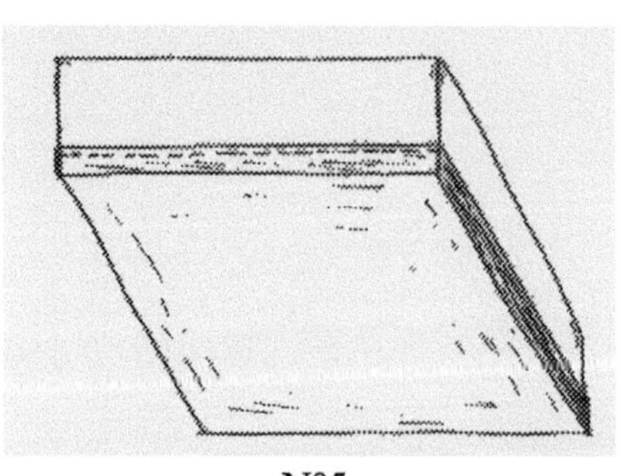

N°5

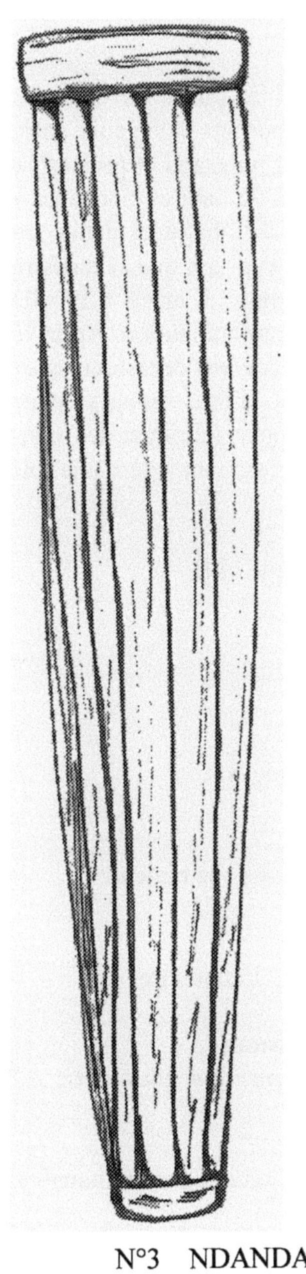

N°3 NDANDA

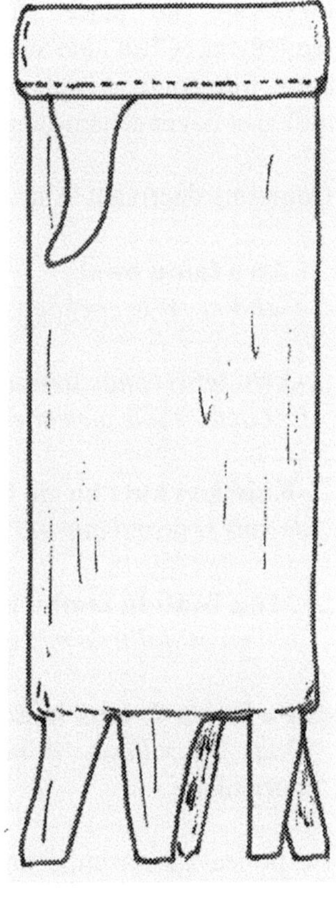

N°4

D'où viennent ces tam-tams ?

Ils sont vendus dans le commerce local et fabriqués dans les villages. Une essence bien connue de tous les villageois entre dans la fabrication de ces tam-tams. C'est un grand et gros arbre pouvant atteindre trente à quarante mètres de haut et cinquante à quatre-vingt centimètres de diamètre. Il est abattu et débité en morceaux de taille appropriée au genre de tam-tam que l'on désire fabriquer : **dinzi**, **ndungu**, **ndanda**, **ngoma**. L'arbre s'appelle **n'sangala**. On le coupe à la hache ou à la tronçonneuse. Après le débitage, les morceaux de tronc coupés doivent demeurer assez longtemps sur place afin de sécher et d'être creusés assez facilement. C'est une essence spéciale pour fabriquer les tam-tams. Elle contient beaucoup de sève, mais devient légère une fois taillée et devenue tam-tam.

Comptine décrivant la structure sociologique vili.

1- Awu fumu bwala
Celui-ci est le chef de village – le pouce

2-Awu tchivèènde nzuungu
Cet autre est le cureur de casserole – l'index

3-Kula ko i kula ku sia kulai muutu ko
Je suis si grand que nul ne saurait m'égaler –le majeur

4-Mwa fwati fu fambu kana i kubakila
Il s'en est fallu de peu que je ne le sois – l'annulaire

5-Fu bwala fu kata kambu tchi mwamwana
Dans un village, il ne saurait manquer un plus petit – l'auriculaire

Le pouce est assimilé au chef de toute communauté humaine, investi d'un pouvoir magico-religieux.
L'index, **tchi soosu**, évoque les mains, la classe laborieuse qui pourvoit au développement économique.
Du majeur et de l'annulaire émergent les rivalités de classes et les injustices sociales inhérentes à toute société organisée.

L'auriculaire assume sa différence et souligne la nécessité de son rôle. Il renvoie à la valeur intrinsèque et civique de tout citoyen. Par-delà, il renvoie à la classe des serfs et à leur rôle considérable aux côtés et au profit des puissants.

19- LES DIVINITES

Contrairement à une certaine idée reçue, les Bantous en général, et les Vilis en particulier, sont de croyance monothéiste. Ils ont une pratique religieuse sans prosélytisme, mais avec un sens très profond du sacré. Ceci se remarquera dans tous les actes de la vie quotidienne et, plus encore, lors des différentes cérémonies.
Un'nkisi, la divinité au singulier, donne **mi nksi** au pluriel.
Le **nkisi** ou divinité ancestrale peut soigner, punir et enrichir les familles qui le détiennent. Il a généralement pour siège une rivière, un lac, un fleuve, une mer. Chaque famille **li kanda** en possédait un, mais de nos jours avec la perte des traditions, cette croyance a été un peu délaissée. Quel que soit le cas de figure, elle aura un aspect tantôt bénéfique, tantôt maléfique.

Il y a plusieurs types de **nkisi** :

- ***mbumba*** est une divinité d'eau, liée à la lune
 Elle peut avoir des femmes pour cible et se manifester par l'obésité. Auprès des hommes, elle peut avoir une fonction protectrice
- ***nzasi*** est semblable au **mbuma** mais originaire du Bas–Congo
L'antidote est très coûteux
- ***tchi bumka*** est une variante du **nzas**
- ***nkosi*** atteint plutôt les jeunes femmes qu'elle frappe de stérilité
- ***ngofo***
- ***mabiala*** provoque la folie chez la personne dont il a pris possession. Il est difficile à traiter car il est originaire d'une autre contrée

En outre, les nkisi sont les vrais propriétaires du sol. C'est pourquoi il est nécessaire d'organiser régulièrement des cérémonies et rituels pour s'attirer leurs bonnes grâces. Chaque famille détient *un sanctuaire* **tchibila** où reposent ses divinités et où elle peut, en cas de problème important, aller les consulter

suivant un code bien déterminé et grâce à un intercesseur qui lui est propre.
Il en découle notamment que les ressources minières telles que l'or, le diamant, le pétrole sont à manipuler avec infiniment de précautions et d'humilité car la fortune qui en résulte est *maudite* **si ntèmu,** si la gestion qui en a été faite n'est pas conforme aux us et coutumes du lieu abritant le gisement. L'histoire contemporaine et l'actualité fourmillent de déconvenues dont ont fait l'objet ceux qui l'ont oublié. L'affaire Elf, les guerres d'Irak, la situation de la Libye, la guerre du Congo, la guerre en Angola, pour ne citer que ces exemples, engagent à considérer ces propos avec un peu moins de condescendance. En fait, quelles que soient nos opinions à ce sujet, le conseil pourrait bien être de gérer avec parcimonie et clairvoyance un héritage commun à tous (appartenant aux nkisi) si l'on ne veut pas s'exposer aux pires conséquences à court, moyen et long terme.
A cet égard, selon la tradition, il se dit que l'on ne s'enrichit pas par la terre. La vente anarchique des terrains à Pointe–Noire à des prix très élevés n'a pas réussi à enrichir les propriétaires terriens vendeurs, à tel point que certains se sont désormais résignés à aller vivre dans les villages.
Jadis, pour tout animal tué sur un territoire, une partie revenait au *chef* **fumu**, généralement la tête. Une autre, le cuissot par exemple, allait au propriétaire terrien ou à ses représentants, afin de remercier de cette bonne fortune ceux qui sont visibles et ceux qui ne le sont pas. En fait cela permettait simplement de contenter tout le monde et de s'assurer la bienveillance de tous.

20- LES RELIGIONS

Comme nous l'avons vu plus haut, la religion chrétienne s'est très vite installée au Congo, dès les premiers contacts avec les Portugais. Elle était représentée par l'Eglise catholique sur la côte maritime et par les protestants dans le Pool. L'islam a été introduit récemment suite à l'immigration ouest-africaine. On note la présence d'autres courants religieux tels que :

- l'Armée du salut
- les Témoins de Jéhovah

- les Kimbanguistes du prophète Simon Kimbangu originaire du Congo démocratique
- les néo-apostoliques, pentecôtistes, disciples du Dieu de Jérusalem, les orthodoxes
- le Dieu des juifs
- le CIFMSI
- la religion du christianisme prophétique en Afrique ou Dieu des bougies **Zambi buji** dont le prophète est Lassy Zéphirin, un autochtone

Toutes ces religions traduisent, on ne peut mieux la ferveur religieuse de ces populations.
Il est à noter une certaine baisse de fréquentation en ce qui concerne l'Eglise catholique. La raison serait que certains n'y trouvent pas de réponses adaptées à leurs attentes et questionnements notamment sur la crise économique que traverse l'Afrique. D'autres estiment enfin que les nouveaux courants sont plus explicites et plus proches de leurs réalités.

I ku bile Mari

U èli i grasi zambi ké i'aku
Djiè u viokisi bu tchiéto boo :su
Muan'aku vuma
Y 'esu li kundi li tchi vumu tchiaku vuma
Santa Maria, Mama zambi
Sambilange bèsu bange me sumu
A bubu i tangu lu fua lu itu.
Amen

Je vous salue Marie

Pleine de grâce
Le Seigneur est avec vous
Vous êtes bénie entre toutes les femmes
Et Jésus, le fruit de vos entrailles, est béni
Sainte Marie, Mère de Dieu
Priez pour nous, pauvres pécheurs
Maintenant et à l'heure de notre mort
Amen

Tat'itu

Djé ké ku me ilu
Bu tinu bu'aku bu tuu:ke
M'vuilu'aku u vangene fe li si bune bu ke ku ilu
Tu va a:ni bu buay ndiwu'itu i muse be wuwu
Tu kobulile mi sange mu n'nèke'itu
Bune tu nkabulilange ivitu mi sange mu bane be tu bunduli
U tu sulikini fe lu vulumuku ko
Kasi tu yobuli fe mioku m'bi mambu.
Amen

Notre Père

Qui es aux cieu,
Que ton nom soit sanctifi,
Que ton règne vienne
Que ta volonté soit faite
Sur la terre comme au ciel
Donne-nous aujourd'hui
Notre pain de ce jour
Pardonne-nous nos offenses
Comme nous pardonnons aussi
A ceux qui nous ont offens.
Et ne nous soumets pas à la tentation
Mais délivre-nous du mal
Amen

21- LE DEUIL

En *pays vili*, **ku si tchi vili**, le *décès* **lufwa** est un événement capital. C'est l'un des rares moments où tout le monde se sent obligé de suivre un cérémonial plus ou moins complexe suivant le niveau social, l'âge et le rayonnement du défunt. La désignation de la dépouille est variable suivant le cas.

- **Tchibaya,** le *défunt de basse condition sociale*, n'a laissé ni progéniture, ni biens matériels
- **Vumbi**, le *défunt est de niveau social honorable*
- **Ntotila** désigne la *dépouille mortelle du roi* ou de toute autre personnalité prestigieuse.

Le rituel d'un deuil est aussi codifié que celui d'un mariage et d'autant plus complexe que les personnes impliquées sont d'un niveau social élevé. La durée du cérémonial peut aller de trois jours à deux ans, et parfois encore plus.

Jadis, à la mort des *seigneurs* **fumu**, *la veillée mortuaire* **ma tanga** durait environ trois mois. Les récoltes et les semailles n'étant pas effectuées au moment opportun, on assistait à un déséquilibre de l'activité économique qui pouvait se traduire par des *famines* **tchi buyi, ngwaba.**

Après toutes les cérémonies, il arrivait que toute la famille ou le clan entier déménage et quitte ce lieu de mauvais souvenirs, ceci après avoir fait disparaître tout objet ayant appartenu au défunt. Ces pratiques expliquent aussi la difficulté de trouver des vestiges du passé qui auraient contribué à transcrire avec plus de rigueur l'histoire de ces peuples. La mort d'un dignitaire était donc une véritable catastrophe donnant lieu à des déchirements et à une grande désorganisation sociale.

Le corps sans vie n'était pas enterré, mais *fumé* **kuanga**, puis *adossé à un arbre* **kuétchika mu nti,** à l'entrée du village.

Le *veuf* ou *la veuve* est appelé **un' fwili**.

Les monarques avaient, à l'image de ce qui se passait en Europe et ailleurs, un lieu commun de sépultures, **Si fumu** (*terre des seigneurs*) nommé par déformation de nos jours Siafoumou. Les règles en vigueur dans ce lieu rappellent par certains côtés celles de l'Egypte ancienne.

De nos jours, les problèmes posés par un décès restent inextricables, face à la superposition des cultures traditionnelle et moderne occidentale.
Le système traditionnel, basé sur un régime matrilinéaire dans lequel on hérite de son oncle, se superpose à la culture moderne fonctionnant sur le système patrilinéaire, où l'on reçoit l'héritage de son père. Il en résulte une confusion des genres et des dissensions tout au long des différentes étapes des cérémonies funèbres qui atteignent leur point culminant au moment du partage des biens. Sauf dans de rares exceptions, la situation de la veuve et de ses enfants est donc fort peu enviable.

Pour ces raisons et dans un sens ésotérique, se pose la question de la cause de la mort et de l'héritage mystique du défunt. Vaste problème…

Lors d'un décès dans une famille, les parents organisent une *veillée funèbre* (**nganda**) de trois jours environ à laquelle se doit d'assister toute personne, ami, parent, souhaitant manifester sa compassion à la douleur de la famille touchée.
Une pleureuse, membre de la famille ou à l'occasion sollicitée pour la circonstance, est chargée de rythmer, conduire et « articuler » les pleurs. En effet « un bon mort doit avoir été bien pleuré ». Ainsi, un certain nombre de critères permettent aujourd'hui de distinguer les cérémonies de qualité, comme la longueur du cortège funèbre (qui peut atteindre douze kilomètres), l'effectif d'une veillée, la présence d'une pleureuse talentueuse sachant entraîner et rythmer les pleurs de l'assemblée avec des chants appropriés.
Le veuf (ou la veuve) est rasé et tenu de porter le deuil, ce qui se traduit par l'observation d'un certain nombre de contraintes ou de règles : ne pas danser, ne pas festoyer, ne pas se marier, se vêtir en noir, en bleu ou en blanc (**mu bundi**), pendant trois mois, six mois ou deux ans suivant le code de procédure.
La veuve ne doit pas assister à la mise en terre.

Après *l'enterrement* **mi ziamie** a lieu un autre rite funèbre **ku banda mianda** destiné à protéger la famille du défunt contre les agressions en tout genre.
Plusieurs mois après la période de deuil, intervient une dernière cérémonie, le retrait de deuil, qui marque la fin officielle du rituel.

Vocabulaire : **Lifuambu** – *le très regretté*
Niombe sia – *très regretté père*
Niombe nguli – *très regrettée mère*

Notons : le Vili doit se faire enterrer sur le sol de ses ancêtres, pour pouvoir retrouver ses repères, ce qui amène à des situations très préoccupantes pour ceux qui vivent sur une terre étrangère, surtout quand le coût du rapatriement est élevé. On voit alors se manifester une solidarité africaine qui n'a que rarement été démentie. En effet, une quête est effectuée auprès des différentes communautés africaines pour que, malgré le coût, ce retour puisse se réaliser.
C'est là une constante bantoue que l'on retrouve dans plusieurs contrées subsahariennes. La crémation est considérée comme un sacrilège irréparable.

LEXIQUE VILI – FRANÇAIS

On a fait le choix de faire suivre les substantifs du préfixe de classe mis entre parenthèses ou de faire suivre les verbes de **ku,** marque de l'infinitif afin de respecter l'ordre alphabétique de la racine.

A

A	*Hé* **a mwa** *mon cher*
Abènwèè	*Oh! vous, là-bas !*
Abuni	*Quelles nouvelles, que dit–on ? Qu'y a-t-il ?*
Ali	*Cela, ça, ceci*
Ambu (li)	*Un propos, une affaire.* **mambu** (pl.)
Ayaa !	*Hé ben* ! (marque de surprise et d'étonnement) Mon frère !
Ayèè !	*Hé toi !* - terme irrespectueux d'appel
Anzi (li)	*Nid d'oiseau,* **maanzi** (pl.)
Ati (li)	*Œuf,* **mati** *(pl.)*

B

Ba:ndimina (ku)	*Maudire (*en montrant ses fesses à une personne ou à un groupe)
baa :nde (ku)	*Fixer, clouer, maigrir*
Base…	*Gens de (originaires de*) exemple : **baas taandela** - *les gens de Brazzaville* **Bwilu** - *la nuit*
Baku (un')	*Renard*
Bati (tchi)	*Cache-sexe*
Bè : le (ku)	*Avoir tort, être en tort*
Bèè :le	*Malade* **tchi bèè : du** *: un malade*
Bééni	*(Les) étrangers* - **mwéni** (sing.)
Bèle (ku)	*Etre malade* (insulte : *être fou*)
Bènge, tchi bi	*Une poêle, tesson de verre, tôle sur laquelle on grille les arachides et le manioc*

Bi (li), (tchi), bi	*Mauvais, faux, un danger* **me bi :** *la merde*
Bia bi kwa	*Combien ?*
Biaamu	*Provocations,* **si sosu**
Biala (ku)	*Etre élu, être sacré*
Bièta (ku)	*Appuyer* **Biète mbotau** : *appuie sur le bouton*
Bifula	*Pièces rapportées, rajouts*
Bike (ku)	*Laisser, abandonner*
Bila (ku)	*Saluer*
Bime	*Les choses, un héritage* **Be bikile bime,** *il a reçu un héritage* **Tchime** *: une chose*
Bipe	*Des jeux, tchipe* (sing.)
Bisi	*Chair, viande -* **bisi i bu***: poisson de mer* **bisi masi me voolo***: poisson d'eau douce* **Bisi i situ***: viande de brousse, gibier*
Biyoko	*Le bruit*, **nkufu** **Biyoko bindji** *: il y a trop de bruit*
Bo : ngu	*Progéniture, descendance.* Ce mot est aussi employé pour les semences conservées en vue de la prochaine culture **M'boongu-mphinda:** *réserve d'arachide*
Bo:ngo	*Argent* **lu boongo - si boongo** (pl.)
Bokuta (ku)	*Chuchoter.* **Lu mone ku bokuta** *: Vous êtes en train de chuchoter*
Bole, (li)	*Une cuvette.* *Pourri (*adjectif*)*
Bonga (ku)	*Prendre* **Bonge bime** *: prends les choses*
Boolo	*Paresse, fainéantis.*
Bu (un')	*La mer, l'océan*
Bu, (lu)	*Un moustique,* **si bu** *(pl.)*
Bu:nde (ku)	*Cogner, abattre, mélanger* **Na bé bunde un' ti** *: Il a abattu un arbre*
Bubumkene (ku)	*Embrasser affectueusement* **Ku bubumkene bane***: tu embrasses les enfants* Un autre terme identique *:* **ku fife bane**

Buike (ku) *Entamer, entonner, tremper*
Ku buike lumbu: *entonner une chanson*

Buka (ku) *Soigner*

Buke (ku) *Inventer, créer*

Bule (ku) *Frapper, casser, taper*
ku bule mbwatile *casser une bouteille*

Bungèle *Soigné, propre, doigté, habileté*

Buni *Comment ?*

Buta (ku) *Engendrer, accoucher, enfanter*

Butikaanga (ku) *Faire discrètement, calmer*

Butumaanga (ku) *Se calmer, obtempérer*

Buuku, (li) *Palmeraie, espace de culture, terre appartenant à un clan*

Bwaala *La cité, le village* - **maale** *(pl.)*

Bwéni *Pedigree, titres et origines, situation sociale*

Bwile (ku) *Tomber, attraper* **ku bwa** : *tomber*

Bwilu *La nuit, le monde des initiés, l'univers mystique*

Bwisi *Atmosphère*, **bwisi bwa kwile :** *l'atmosphère s'est obscurcie (il fait nuit)*

C

Nous avons choisi de remplacer le C par K en début de phrase.

D

Daa:le	*Ville* Nom donné au village actuel de Loango, qui fut la première ville (siège administratif et apostolique) avant la construction de Pointe-Noire
Datoolo	*Médecin* (de docteur en fr.)
Djamane	*Allemand* Si **si djamane** *le pays des Allemands : l'Allemagne*
Doli	*Argent, monnaie*

E

Eè	*Oui*
Eno (li)	*Une dent* **mènno** (pl.) qui est une contraction de **me èno**

F

Faa :fa	*Ici*
Fam'bi	Où ? C'est une contraction de **fame mbi ?**
Fame	*Lieu, endroit*
Fani	*Où, dans quel lieu ?*
Fèèlu	*Fer à repasser*
Fifa (ku)	*Sucer, embrasser*
Fila (ku)	Envoyer I **file un' kaanda** : *j'ai envoyé la lettre*
Fiote	*Noir* **Un' fioti:** *un Noir*. C'est ainsi qu'étaient désignés les Vili et les Cabindais
Fitebela (ku)	*Prendre légèrement du poids, prendre de l'embonpoint*
Fiti	*Colère* - **Mi ké i fiti** : *je suis en colère*
Foloolo	Nom propre de jeune fille, *fleur, Flore*

Fuake fuakaa	*Honteux, hébété, découragé* Comme pris en flagrant délit
Fuane	*Suffisant* **Bé fuana :** *cela suffit*
Fuimaa	*Sournois*
Fumbi	*Hypocrite, fumiste*
Funa	*Beaucoup, nombreux* **Be funa** *: Ils sont nombreux*
Funa (un')	*Un fardeau, une charge* **mi---** *(pl.)*
Funde (ku)	*Accuser, dénoncer*
Funde (ku)	*Donner un présent dans le cadre d'un mariage, d'un décès*
Fundu	*Conseil, conciliabule, secret, groupe restreint pour délibérer.* **Kuende ku fundu:** aller *au secret, en conciliabule*
Fundu (li)	*Le sable*
Fune (un')	**Funa** *une charge*
Funge (ku)	*Interdire*
Fungule	*Confesser*
Futika (ku)	*Plier, enrouler*

G

Géyèfu	*Goyave*
Goma (ku)	*Repasser les vêtements*
Guni	*Ronflement -* **si guni** *(pl.)*

I

Ii lu (li)	*Ciel*
Ilu (li)	*Nez* **me ilu** *(pl.)*
Isa	*Viens* *(Venir* se dit, **kuis,** *une contraction de* **ku is)**

K

Kaa :ke (li)	*Une capsule, un bouchon*
Kaa :mbe (ku)	*Mourir,* terme utilisé pour les dignitaires
Kaanga (ku)	*Attacher, ficeler, ligoter, frire* **ku kaange li tongu** : *frire le poisson*
kaange (ku)	*Attacher, lier*
Kabila (ku)	*Partager* **Kabila un' to:to, un' to:to u ku kabila :** *Donne à la terre et la terre te donnera*
Kadèla	*Chaise* (portugais)
Kake (li)	*Une capsule*
Kala (li)	*Charbon* **me** -- (pl.
Kale (ku)	*Rester* - **Kale fe si** *reste là, ne bouge pas*
Kambu (ku)	*Manquer, se priver*
Kame (ku)	*Essorer* **Ku kame bi kuntu** : *essorer les habits* **Ku kame fe si :** *jeter violemment par terre* **Un'kame** : *épouse d'un dignitaire ou du roi*
Kame (ku)	*Essorer, frapper violemment au sol*
Kane (li)	*Carie dentaire ; moyen*
Kane(ku)	*Menacer, invectiver*
Kangele (ku)	*Voyager, visiter, se promène*
Kanu (un')	*Une dette* ***mi*** -- (pl.)
Karse	*Pantalon*
Karvate	*Cravate*
Kase (ku)	*Mâcher* **bi kasu** *ce qui a été mâché*
Kasi	*Mais*
Kasi (un')	*Epouse* (sing.) **Be kasi** *des femmes* **N'kasi** *oncle* **si n'kasi** (pl.)
Kasu	*Cercueil, caisse*
Kasu (me)	*Colas* **li** --- (sing.) **un'kasu** *le kolatier*
Kati	*Même, soi* **kati nandi** … *même lui*
Kaye (li)	*Une feuille* **Ku kaye :** *hurler, crier*
Ké	*Chez*
Kèle, kèbe	*Attention, prends garde, attendre*
Kisi (un')	*Divinité terrestre vivant dans la forêt ou dans les eaux, mystère*

	Un' kisi yanzi *mystère de l'ange*
	yanzi: *ange*
	Kaa : nde (un') *un papier*
Kiti	*Siège, petit tabouret de cuisine* **si---**(*pl.)*
Kobi (tchi)	*Talon ; danse collée*
Kobike (ku)	*Accrocher*
Koke (ku)	*Griller sur la braise*
Konde (ku)	*Bercer, épier, chasser*
Konde (ku)	*Bercer, guetter*
	ku konde mwana : *Bercer l'enfant*
Kondu (un')	*Le baobab*
Kone (ku)	*Économiser*
Konzula (ku)	*Elever*
	Wa konzula mwana, *il a élevé l'enfant*
Koomba	*Cadet*
Koombe (ku)	*Balayer*
Koomboso (tchi)	*Un balai*
Kopu	*Verre (vient de* cup *en anglais ou* copo *en portugais)*
Ku	*A, au*
Ku :nze (lu)	*Portion de toiture en feuilles de palmier,* **si ku:nze** (pl.) *espèce de palmier servant à confectionner les toits*
Kuangula	*Entêter, élargir*
Kudiadi	*Cadenas*
Kuke (ku)	*Poursuivre, habituer*
	wa kuke *il est habitué*
Kukule	*Grandir*
	U kule bène *il est de grande taille*
	Kukule un' samu *il est très grand*
Kukutu	*Rassasier*
Kula (ku)	*Grandir* - **Dje wa kula**. *Tu as grandi*
	Chasser. **Kula si nzi**. *Chasse les mouches*
Kula (ku)	*Arracher, démonter, s'affranchir*
	Ku kule liènu : *arracher une dent*
Kulu	*La jambe*
Kulusu	*Croix, crucifix*
Kulutu (un')	*Un adulte, une personne mûre*
Kuma (ku)	*Avoir une bonne santé*
Kuma (tchi)	*Un mot* **bi** --- *(pl.)*

Kumbe (un')	*Le nombril, cordon ombilical*
Kumbe (ku)	*Couler*
	Masi ma kumbe. *L'eau a coulé*
Kume	*En bon état, rétabli*
	exemple : **djié u kumè ?** *es-tu rétabli ?*
Kumiadu	*Beau-frère, belle-sœur* (portugais)
Kuna (ku)	*Planter*
Kunaaa	*Là-bas*
Kungula(ku)	*Se laver, laver le corps*
	Yènde mu ku kungula. *Va te laver*
Kungulu (tchi)	*Salle de bain* - **li kungulu** *: le genou*
Kunièfe	*La beauté, être beau ou belle*
Kurusu	*Matelas*
Kutana	*Concourir, concurrencer*
Kutcha	*Etre propre*
Kutési	*Enquêter*
	consulter un féticheur **: ku tési ké ngaage**
Kutu	*L'oreille,* **matu** (pl.)
Kutuma	*Guider, orienter*
	tchi tumu *un missile, un projectile*
Kuu nze (ku)	*Frotter vigoureusement*
Kuula (ku)	*Décrocher, arracher*
Kuumbi (li)	*La voiture*
	li kuumbi li masi *un bateau, un navire*
	li kuumbi li ilu : *un aéronef, un avion*
Kuzake	*Costume*
Kwama (ku)	*Avaler de travers*
Kwamba	*Se plaindre*
Kwange	*Fumer un aliment* (verbe sans **ku)**
	Kwange li tongu *faire du poisson fumé*
Kwèla (li)	*Le mariage*
	ku….. *: se marier*
Kwétchika	*Poser contre un support*, comme un arbre, un mur
	Kwetchica mu n'ti: *accrocher à l'arbre*

L

Laamba	*Cuisiner*
	Ku laa : mbe bi lia *préparer à manger*
Lafu	*Vin* (sing.) **me lafu** (pl.)
Lasola	*Drap* (vient du mot linceul en français)
Lawu (li)	*Un fou* **me lawu** (pl.)
Lèè :le (ku)	*Bercer, porter un enfant*
Léési (ku)	*Montrer*
Lèle (un')	*Tissu, pagne*
Lélika (ku)	*Pendre*
	Lélikage : *danse sexuellement suggestive*
Lènde	*Détester*
Lènde (ku)	*Haïr, mépriser*
Lèndji (un')	*Un cheveu* - **mi lèndji** *les cheveux*
Lési (tchi)	*Jeune, apprenti* **bi --- (pl.)** **tchi lési tchibakala** : *un jeune homme* **ku lési** : *montrer, apprendre à* ; **Tchi lési tchi tchéto** : *une jeune femme*
Li :ngisi	*Linguiste, interprète*
Lia (ku)	*Manger*
	lile bobu : *mange comme ça*
Liaanga	*Mangue*
Liata	*Salive, crachat.* **Ku liata** *: marcher*
Liawolié	*C'est bien ce qu'on va voir !* (cri de défi)
Liba	*Palmier* ; **me ba** (pl.)
Libaku	*Embûche, obstacle*
Libundi	*Tissu bleu foncé*
Lièle	*Ruse, intelligence*
Lifuku libwisi	*Nom en français inconnu* Cassia alata - Papilionacée
Lii :si (un')	*Un nourricier*
Likane	*Carie dentaire.*
Likaye li nzobi	*« Feuille de manioc »* Sarcophrynium
Likundu	*Glande de sorcellerie*
Lilaambe	*Le rythme, la cadence*
Lile (ku)	*Pleurer*
Limpa (ku)	*Nettoyer (portugais), essuyer*

Linga : nza	*Poisson d'eau douce aux yeux rouges*
Lionga	*Sagaie*
Litolo	*Joue* - **me…** (pl.)
Litoobi	*Raphia* sp.- palmacée
Livuvumba	Plante médicinale Ocimum canum sims – Labiacée
Loka (ku)	*Envoûter, ensorceller* **mi loko** *envoûtement*
Loko (un')	*Un affront qui demande réparation mystique, envoûtement*
Londo (un')	*Racine douce amère utilisée par les tradi-praticiens*
Longa (lu)	*Assiette* **si longa** (pl.)
Loto	*Cuillère*
Loyi (li)	*Bouchon*
Lu n'gosu	*Mercantile, avoir le sens du commerce, être radin* (du français *négoce*)
Lu :nge (ku)	*Attiser* - **Ku lu : nge baa :su** *attiser le feu, garder, surveille*
Luambu	*Plaintif*
Lubamba	*Liane pour confectionner les paniers*
Lubialu	*Sacre*
Lubuka (ku)	*Etre instruit, s'instruire, se cultiver*
Lufwa	*La mort* – **ku fwa** *: mourir*
Luka (ku)	*Vomir*
Lukabu	*Traîtrise* - **ndootchi lukabu:** *traître*
Lukungu	*Assemblée* **Lukungu lu nimbi** : *assemblée mystique*
Lula (ku)	*Brûler* / **mbasu mona ku lula** *le feu brûle*
Lunga	*Avoir raison, être dans son bon droit*
Lunga (ku)	*Garder, attiser*
Luta	*Sifflement* - *siffler* : **ku ta luta**
Lutchofu lu mbala	*Gingembre* Zingiber officinale, *Zingibéracée*
Lutchofu lu mpumbu	*Piment sauvage* –Aframomum *sp.*
Luzala (lu)	*Un doigt* **si --** (pl.) **luzala lu tchiéti** *le petit doigt*
Lwa:ndu	*Palanquin, natte en papyrus*

M

M'pèlu	*Prêtre* (du francais *:* prêtre)
Ma:si	*L'eau,* **un' laangu:** *l'eau*
Maa:ni	*Mais*
Mabumbulu	Momordica charantia – cucurbitacée
Madungu	*Organe génital mâle, hernie*
Mafuka	*Ministre de l'économie et des finances du royaume*
Mak'yanzi	Nom propre d'une personne baptisée sous le nom *Michel-Ange*
Makundale	*Notables, personnes âgées et sages, sénateurs*
Malwa:gu	*Souverain, roi*
Mamèle	*Sœur ou mère de la religion catholique, religieuse*
Mamy wata	*Sirène vivant dans l'eau* (de l'anglais *mamy water)* qui a la morphologie d'une femme avec une queue de poisson à la place des jambes
Mani (li)	*Pierre, caillou, rocher* - **me** -- (pl.) *un dur*
Masafi	*Ministre des finances du royaume* **me safi** : *les poumons*
Mata	Salive (pl.) **li ata** (sing.)
Mbaku	*Gain, salaire*
Mbala	*Le foie*
Mbala (sing.)	*Patate, igname* - **si mbala** (pl.)
Mbalulu	*Pensée* **Si mbalulu si mbi:** *de mauvaises pensées*
Mbalulu	*Pensée* **si** ---(pl.)
Mbasu	*Feu (le)*
Mbata	*Giffle*
Mbééli	*Couteau, canif, poignard* **si** ….(pl.)
Mbembo	*Voix* - **mbemb'u am** : *ma voix*
Mbile	*Appel* **ku tèle mbile** *appeler*
Mboota	Milletia versicolor. *C'est le bois dont on sert pour le pilon et le manche de la hache*
Mbu:zu	*Front*
Mbwa	*Chien*
Me bakala	*Droit, viril, homme*
Me tchéto	*Gauche*
Melèta	*Malle*

	on dit aussi : **kasu me lèta :** *une malle en fer*
Mémi (li)	*Le mouton*
Mènge	*Sang* **mènge mu mwèke mu kata zolana ku vè** : *le même sang ne se marie pas* Les gens ayant le même sang ne doivent pas se marier entre eux.
Mèno	*Dents* (pl.) **lièno** (sing.)
Metaku	*Fesses* **litaku** (sing.) *l'anus*
Mfundu-tchibokuta	*Assemblée secrète*
Miènu (si)	*Les lunettes*
Mina (ku)	*Avaler*
Minge(ku)	(du portugais *domingo)* *S'endimancher, se faire beau ou belle*
Moke (ku)	*Veiller*
Moniku	*Non*
Mooni	*Vie, existence*
Mpage	*Collier, chaîne*
Mpaka	*Clôture, doutes*
Mpaku	*Taxe* **Mphaku n'tinu** *impôts*
Mpèmbe	*Virginité, hymen, Virginie*
Mphéso	*La craie*
Mphili	*Vipère* c'est aussi le nom d'une contrée du Kouilou et d'un clan
Mpile	*Genre, modèle, type* exemple : **mpile mutu** *c'est un genre de personne*
Mpinini	*Hagard*
Mpolo (sing.)	*Propos, nouvelles* *tranquille* **kala mpolo :** *reste tranquille* **Mpolo mbi** : *quelles nouvelles ?* **Mpolo voo** : *pas de nouvelles ?*
Mpopi	*Non-sorcier*
Mpuntu	*Europe*
Mpwatulu	*Façon de s'habiller* vient de **ku vwata** : *s'habiller*
Mu :tu	*Personne* (sing.) **ba : tu** (pl.)
Munu	*La bouche*
Muni	*Soleil, le jour, monde visible* : **ku muni**

Muule *Ane*

Mvumbi *Dépouille mortelle d'une personne honorable.* C'est aussi ce mot qui, par défaut de prononciation, a donné le terme « zombie »

Mwamwana *Chéri, cher*

Mwinda *Lampe, lumière*

Mwinda mphaka: *lampe de résine*

Mwida mbila : *lampe d'accueil.*

N

N'glèse *Un Anglais*

N'longu (sing.) *Traitement, remède* **mi longu** (pl.)

Nami (tchi) *Articulation*

Ndaka *La langue*

Ndèèlu *Glissant*

Ndéli (bi) *Les denrées*

mi ndéli: *les Blancs, les Européens*

Ndiku *Ami*

Ndilu *Limite, frontière*

Ndode *Peste aviaire*

Ndosi *Rêve, songe*

Ndotchi *Sorcier*

Nèle *Bague.*

Nènu *Vagin*

Ngaa:nge *Médecin, docteur, détenteur de savoir, prêtre, guérisseur*

Ngaange vumbe *Grand prêtre, grand maître*

Ngaan:zi *Dégoûtant*

Ngaazi (lu) *Racine* - **si ngazi** *(pl.)*

Ngo, tchikumbu *Panthère*

Ngongolo *Mille-pattes*

Ngogulu (si) *Ongles* - **lu ngongulu** *(sing.)*

Ngolo *Dur, difficile : gang, bataillon*

Ngulubu *Phacochère*

Nguu:ndu *Couvre-chef en raphia réservé aux dignitaires*

Niaw	*Le chat*
Niènzi	*Joie, gaieté, plaisir*
Nimbi	*Monde invisible, inconnu*
Niomb'	*Défunt, feu…*
Nitu	*Corps*
Nkaa :nde	*Chute*
Nkala	*Crabe, planche, plate-forme pour planter les légumes*
Nkali	*Intérêt, importance*
Nkali	*Salée*
Nkasi	*Oncle, chef de famille* - **si nkasi** (pl.)
Nkata	*Coussinet*
Nkoko	*Intrument de musique en bois creux, au son semblable au tam-tam, mais qui porte plus au loin*
Nkokolo	*Coude*
Nkombu	*Bouc*
Nkomi	*Coup de poing*
Nkoso (tchi)	*Cheville*
Nkube	*Raclée, bastonnade*
Nkumunu	*Noisette sauvage*
Nkundji	*Cotisation, aide, renfort*
Nkundu	*Sorcellerie*
Nkungu	*Causerie*
Nkuundu	*Poil du pubis, lèpre*
Nkwati	*Machette*
Nlongo (sing.)	*Remède* **bi longo** (pl.)
Noke (ku)	*Tomber du ciel, pleuvoir* **nvule ya noke** *il a plu*
Nooke (ku)	*Transpirer*
Npaa :ni	*Donne* **ku vaa : ne** *donner*
Npèto	*Oreiller, taie d'oreiller*
Ntaandji	*Le trône.*
Ntandu	*Plaine.*
Ntchiènzu	*Maladic*
Ntchiti	*Filet de pêche*
Nthotila	*Dépouille mortelle d'un roi ou de ses descendants*

Ntinu	*Course* **ku tine** : *courir* **yènde ntinu** *cours vite* (va en courant), *dépêche-toi*
Ntokongo	*Côté*
Ntoondu	*Motif d'affrontement, différend*
Nuka (ku)	*Dormir*
Nuke (ku)	*Dormir* **ku nuke toolu** *: dormir*
Nuni	*L'oiseau,* **un' nuni** *le mari*
Nuu :ku (un')	*Une odeur*
Nvula	*La pluie*
Nvuta	*Baie très sucrée à la peau poilue et ferme* Trichoscypha acuminata – *Anacardiacée*
Nwa (ku)	*Boire*
Nzala	*Faim, famine*
Nzali	*Beau-frère, belle-sœur*
Nzo	*Maison, habitation* (sing. sans article) **si nzo** (pl.)
Nzonzi	*Juge, avocat, médiateur, personne ayant de grandes qualités oratoires* ; **bu nzonzi**
Nzungu	*Marmite* **nzungu me dungu :** *marmite mystique, fétiche*
Nzuza	*Dissipé, sans attention*

O

Oko	*Là-bas*
Olio, oyo	*Cela*
Otchi otcho	*Ça*
Owo	*Celui-là, celui-ci*

P

Palate	*Platine*
Papèèlu	*Papier (en français)*
Pi :nda	*Arachide* **si** – *(pl.)*
Poktimoni	*Porte- monnaie*
Polkdiye	*Chose sans importance (du français : peccadille)*

Pooko (un')	*Un peu*
Puta (ku)	*Mentir, abuser* **wa putu** *tu as été abusé*
Putulukèse	*Portugais*

S

Saa :mbe	*Vin de palme produit par le palmier*
Saa :mbila (ku)	*Prier*
Saa :mbu (li)	*Poisson salé*
Saa :mbu (un')	*Une prière*
Saa :nde (ku)	*Ausculter*
	ku saa : nde tchi bèdo *: Ausculter un malade*
Saan gu (si)	*Réputation, nouvelles*
Saan gu	*Nouvelles, annonce, écho*
Saandjika (ku)	*Agacer, faire courir des rumeurs*
Saangula (ku)	*Cueillir*
Saantu	*Saint, qui ne fait aucun mal*
Sabuka (ku)	*Traverser*
Safi (me)	*Les poumons*
Saku	*Sac*
Sakumuna (ku)	*Bénir*
Sala (ku)	*Travailler*
	bi salu *le travail*
Sala (lu)	*Plume, duvet d'oiseau*
Salu	*Sel marin*
Salula	*Serrure*
Sambe (ku)	*Gémir, hurler, se plaindre, prier*
Sangula	*Cueillir*
Sapatu	*Chaussure*
	(Portugais / Espagnol *: zapato)*
Sasi (tchi)	*Un salarié, employé*
Sasuka	*Dépêche-toi*
Satchika (ku)	*Molester, vitupérer*
satchike	*Agacer, molester*
Sèè :nde (ku)	*Désherber, couper de l'herbe*
Sèè :nga	*Canne à sucre*
Sèèlele	*Termites*
Sèèse	*Animal rusé de la légende vili*

Sèfe (ku)	*Rire*
Séginini (tchi)	*Le sable du bord de mer*
Sélu (tchi)	*Un morceau*, **bi** --- *(pl.)*
Sénda (ku)	*Récompenser*
	un' séndu : *une récompense*
Sènga (ku)	*Eplucher*, **ku tunde**
Sèngu	*Houe* **si ---** *(pl..*
Sèse (ku)	*Eplucher*
Sèse (lu)	*Clou*
Si	*Les, des*
Si	*Pays*
	si yaku yosu : *tout le pays*
Sia (ku)	*Faire*
Sièle (tchi)	*Récolteur de vin de palme*
	par assimilation, un viticulteur
Sièmu (lu)	*Eclair*
Sifu (un')	*Un fil* **mi sifu** (pl.)
Sii :ndikila (ku)	*Bousculer*
Sii:ndji	*Trop, beaucoup*
Siidji (un')	*Eloigné, loin*
Siimbe	*Tiens*, **ku siimbe** (v)
Sike	*Le noir de fumée*
	Ku sike : *jouer (d'un intrument)*
	Ku sike (li bulu): *creuser (un trou)*
Silol	*Slip (en français)*
Simina (ku)	*S'étonner, être estomaqué*
Sina	*Fond* **si sina** : *les poux*
Sine	*Souche, dessous, fond*
	Sine un' saamu: *l'origine, le fond de l'histoire*
Sine (si)	*Les poux*
Sinzi	*Enfoncer*
Sisimini (ku)	*Préciser*
Sisu	*Influence, charisme, autorité*
Sita (tchi)	*Stérile* **bi site** (pl.)
	Un' tchéto owo tchi site - *Cette femme ne fait pas d'enfants, elle est stérile*
Sitchike	*Retiens*
	ku sitchike tchini *retenir la physionomie*
Situ (un')	*Forêt* **mi situ** (pl.)

Sombe (ku)	*Emprunter*
Sondema (ku)	*S'accroupir*
Songo (un')	**Mi songo** : *douleurs d'accouchement*
	Un' songo tufi : *avoir envie de déféquer*
Soni (si)	*Honte, honteux*
Sonika (ku)	*Ecrire* **tchi sonukunu** : *stylo*
	bi sonukunu : *des écrits*
Soo :lo	*Vice, mauvaise habitude*
Soo :mo (un')	*Une fourchette*
Sosi (un')	*Le prépuce*
Sosi (un')	*Un sifflement d'insulte*
Sosu	*Grief*
Sosu	*Bout*
Suke (ku)	*Nager*
Sukula (ku)	*Laver*
Sukule	*Lave*
Sumbe	*Achète*
Sumbisi	*Vendre, faire acheter*
Sundike	*Indiquer, orienter*
Sunge	*Tabac*
Susu	*Poule*
	Susu mbakale: *coq,* **mwana susu** : *poussin*
Sutchika (ku)	*Insister, exiger* synonyme **Ku dani**
Suu :ge (ku)	*Critiquer*
Suu :nge	*Tabac*
	ku vo : l suu : nge *: fumer le tabac*
	ku vo : l ti timba : *fumer la pipe*
Suu :pu	*La soupe*
Suu :si	*Sale*
	tchi nkutu tchi susi, *un vêtement sale*
Swa (un')	*Une autorisation*
Swama (ku)	*Se cache*
Swèbe (me)	*Ampoule, abcès*

T

Ta (ku)	*Réaliser, coudre*
	ku ta karse : *coudre un pantalon*
	ku ta lute : *siffloter*
Taa:mbu (un')	*Un piège* **mi ---** (pl.)

Tcha *Propre* **ku tcha** *être propre*
Tchéli (tchi) *Palme*
Tchélika, tchibéni *Vérité, sincère*
Tchétchika *Accrocher*
Tchèto (un') *Une femme*
Tchètula (ku) *Décrocher, cueillir*
Tchi:mbakala *Jeune homme,* nom propre aussi
Tchi:ne *Danser*
mwane owo mu ku tchi:ne maa:bu : *cet enfant est un grand danseur*
Tchiamuka (ku) *Se disperser, s'abîmer*
ku tchiamuna : *disperser, renverser*
Tchibéni *C'est vrai !*
Tchibiingu *Lieu où l'on entreposait les momies*
Tchibila *Parce que...*
Avis, avertissement, annonce
ku ta tchibila (sing.) **ku ta bibila** (pl.)
Tchibila *Sanctuaire* **tchibila tchi n'kisi** *le sanctuaire d'une divinité*
Tchibinda *Epreuve*
Tchibuyi *Famine*
Tchiééfi *Cercueil*
Tchifu *Mortier, habitude, pratique courante*
Tchii :ne *Tabou, interdit*
Tchiifi *En otage, en gage*
Tchikaade *Pont, escalier*
Tchikoso *Une toilette*
Tchimaka *Ben !, çà alors !*
Tchimbaange *Maison sur pilotis, maison de chef, palais*
Tchimputu *La langue portugaise, par extension le français*
Tchimwamwana *Un enfant*
Bi babana : *les enfants*
Tchintchéli *L'obscurantisme*
Tchiololo *Différent, exceptionnel*
Tchiotchio *C'est là (la-bas)*
Tchisafu *Excessif, un défaut*
Tchitafi *Une branche* **bi tafi** (pl.)
Tchitchi *C'est là (ici)*

Tchiti (tchi) *Une herbe* **bi ---** *(pl.)*
Tchitumu *Projectile, envoyé*
Tchivadaangu *Canard*
Tchivungu *Epidémie*
Tèke (ku) *Puiser*
Tèlvise *Télévision*
Tète (ku) *Fendre*
ku tète si kuni : *fendre le bois*
Tète (un') *Premier, premièrement*
Téti (un') *Un panier* **mi ---** (pl.)
Ti (un') *Arbre, bois*

U

Un' *Un, une, le, la (article singulier)*
Un'va *Où est-il ?*
Unsike *Calme, tranquille*

V

Vaa :de (ku) *Magouiller, défier*
Vaa :ndi *Et alors ?*
Vafena (ku) *Détruire, disperser*
Vande (ku) *Fétiche*
Vane *Donne* **ku---** (v) **mpani** : *Donne-moi*
Vèè:mbe *Se moucher, enlever en soufflant*
ku vèèmbe tchi swasu : *se moucher*
Vèfo (un') *L'ombre*
Vèfu (tchi) *Un parapluie*
Vèke *Seul* **bu vèke** : *la solitude*
Vèndika *Ranger*
Vésa (lu) *Un cafard*
Via (ku) *Cuir*
Vii :nge *Attends* **ku ---**(v)
Vike (li) *Lieu où l'on se retrouve pour boire du vin de palme*
Vila (un') *Un totem*
Vini *Le vin*
Viodo *Moineau*
Vita (li) *La lutte, la guerre* **me --** *(pl)*

Vite (ku)	*Faire un saut, un détour pour rendre visite*
Vitika	*Accepte* / **ku---** (v) syn. **Tchukuna**
Vokena (ku)	*Arracher*
Vonge (ku)	*Grossir beaucoup, être gras*
voo	*Pas, rien, exprime une négation*
Voo de (ku)	*Tuer* **ku voonde tchi bulu** : *tuer une bête*
Voo:lo	*Doux*
	masi me voo:lo *l'eau douce*
	masi ma voole *l'eau est devenue tiède*
Vranda	*Véranda*
Vu (lu)	*Un cheveu blanc* **si ---** ***(pl.)***
Vu (un')	*Une année* **mi---** (pl.)
Vube (ku)	*Pêcher*
	ku vube li tongo *: pêcher le poisson*
Vula !	*Ecoute* !
Vule (ku	*Se fâcher, s'énerver*
Vule (un')	*La pluie*
Vuli (un')	*Antilope-cheval*
Vulumuke (ku)	*Ressusciter, reprendre vie*
vumuka (ku)	*Respirer*
Vusu (un')	*Le désordre*
Vutule (ku)	*Rendre* **mputuli** *: rends-moi*
Vwili	*Une bonne fois pour toutes*
Vwili (un')	*Un précipice, un ravin*

W

Wasi (ku)	*Remplir*
Wola	*Or*
wuuluu	*Houzé* (cri d'allégresse)

Y

Yanzi	*Ange*
Yénda	*Part*
Yindji	*Trop*
Yoku	*Grillé*
Yola (ku)	*Chanter*
Yono	*Hier*

Yuka	*Frappe*
Yusi	*Avant-hier*
Yuwa	*Ecoute*
	kuwa - contraction de **ku yuwa** – (v.) *écouter, entendre*

Z

Zaabe (ku)	*Connaître, savoir*
Zaambi	*Dieu.* **Zaambi phumgu** : *Dieu tout-puissant*
Zaanza (li)	*Crampe*
	Tchi zaanza : *ondulation des fesses*
Zabaaku	*Savon*
zabuku (li)	*Un bouchon*
	li zabuku li bwatile : *le bouchon de la bouteille*
Zake (ku)	*Tondre, couper*
	ku zake mi lèdji : *couper les cheveux*
Zale	*La faim*
Zale (lu)	*Un doigt* **si zale** (pl.)
zambi	*Dieu*
Zane (un')	*Une dame-jeanne, récipient en verre de dix litres*
Zi (lu)	*Lu zi* **si zi** (pl.)
Zibika	*Ferme* **ku---** (v)
Zibule	*Ouvre* **ku---** (v)
Zii :nge	*Entoure* **ku ---**(v) **Nzinge** *: nom propre.*
Ziika (ku)	*Enterrer*
Ziinge (ku)	*Entourer*
	Avoir une longue vie
	Lu ziingu *la vie*
Zike (ku)	**Ku zike mbata** *: giffler*
Ziku (li)	*Un foyer* **me ---** (pl.)
Zimba	*Méconnaître*
Zimbila (ku)	*Se perdre*
Zimbisi (ku)	*Perdre*
Zimbukila (ku)	*Etre surpris,* se dit d'un fait qui se produit sans prévenir

Zingu (un')	*Combat, bagarre* **mi ----** (pl.)
Zioolo (lu)	*Ciseau*
Zole	*Heure*
Zole (ku)	*Aimer*
	mi bé ku zole: *je t'aime*
	mi vame: *moi aussi*
Zoni	*Oignon*
Zuéli (li)	*Une robe* me --- (pl.)
Zungu	*Marmite*
	zungu kutane : *marmite en fonte*
Zunguna (ku)	*Promener*
Zunza	*Dissipé, distrait*
Zutena (ku)	*S'associer*
	lu zutene *: une association*
Zuumbe	*Enorme, beaucoup*

LEXIQUE FRANÇAIS – VILI

A

A (avoir)	**Bé.**
	Il a gagné – **u bé baka (wa baka)**
	Il a tenu – **u simbisi (wa simba)**
Abaisser	**Ku kulula**
Abandonner	**Ku bika, ku lumbika**
	s'abandonner - **ku tingama**
Abattre	*… un arbre :* **ku bunda**
	… un animal: **ku vonda**
Abîme	**Bulu (li), ma bulu** (pl.)
	un' vwila : *ravin*
Adversaire	**Mbène**
Adieu	**Siala bu boti, yende bu boti**
Aïeul	**Nkaka ; (un') kuluntu** (sing.), **ba kuluntu** (pl.)
Aigre	**Nkakutu, ngani**
	Ce fruit est aigre – **li kundi ali li ké nkakutu**
Aiguille	**N' tumbu** (sing.), **si n'tumbu** (pl.)
Aîné	**Kuluntu (un')**
Allumer	**Ku tatika**
	Allumer la lampe – **ku tatika mu inda**
	Allume le feu – **tatika mbasu**
Alimenter	**Ku likita**
Allumette	**Fofolo**
Amasser	**Ku kutika**
	Amasser les herbes – **kutika bi titi**
Ame	**Lunzi (tchi), bi lunzi** (pl.)
Amer	**Nduli**
Ami	**Ndiku**
Amour	**Lu zolu (sing.), tu zolu (pl.)**
Ancien	**Kulu, kulutu**
Angle	**Ntokongo**

Anglais	**Inglèsa ngèlèse** (la personne), **tchi n'grèse** (la langue)
Anxiété, peur	**Boma**
	une grande anxiété – **boma bu néné**
Appétit	**Mvuku**
	Mvuku u boti -*bon appétit*
Aptitude	**Pambu**
Attention	**Kèba** !
Assiette	**Longa, lu longa**
Au	**Ké, ku**
Auprès	**Mu ndaambu, fe ké**
Aussi	**Ivadi**
Avec	**I, in'ya**
	Viens avec moi – **I se I ame**
Aviser, Avertir	**Ku lubula**
Avouer	**Ku fungula**

B

Bagarre	**(un') Zingu**
Bague	**Nèla (sing.), si nèla (pl.)**
Baigner	**Ku kungula**
	Va te baigner -**yé kungula**
Balai	**(un') Sèse**
Balance	**Zongulu**
	Pèse les arachides sur la balance – **zonga si pinda fa tchi zongulu**
Bambou	**Véso, li vèso (sing.), me vèso (pl.)**
Barbe	**(lu) ndèfu, si ndèfu (pl.)**
Barrique	**Mpipa**
Bas	**Wanda, biindu**
	En bas – **ku bindu**
	Je vais en bas – **I nkuènda lu wanda**
Bataille	**Zingu**
Bateau	**(li) Kumbi li masi**
Bâtiment	**Nzo, (tchi) Baanga**
Bâtir, construire	**Ku tunga**
Bavard, indiscret	**Lu viaalu**
Bergerie	**Mpaka me mémi**
Beaucoup	**Mpapa, niakalaa**

Beau-père **Tchikwési** / *belle-mère* **un' kwék'si**
Beau-frère **Nzali, (mwayi…)**
Beurre **Mantèka**
ouvre la boîte de beurre – **zibula late mantèka**
Bienfaisant **Bwalekisi ; tisia bote, ti vange me boti.**
Bienheureux **niènze bène,u sèmu**

C

Ça **Tchiotchio ; otchiotchi**
Cabine, chambre **Kuartu**
Cacher **Ku suèka**
Se cacher – **ku suama**
Cadenas **Kudiadi**
Ouvre, ferme le cadenas – **zibula, zibika kudiadi**
Café **Kafi**
Boire le café – **ku nua kafi**
Cadran **Zungu**
Caisse **Casu, li mani li mbongo**
Calculer **Lu tangu**
Calebasse **Mbinda, safa**
Caleçon **(tchi) Bati**
Calendrier **Un'kanda bi lumbu**
Calmer **Lèmbesi**
Calotte **Ngundu**
calotte d'ecclésiastique - **tchi pwanana**
Camarade **Uali** (*deux*), *wayami, ndiku*
Camisole,vêtement **Nkutu**
Canif **(tchi) Kotika bi ---** (pl.)
Canon **(li) Tèènda**
Tirer un coup de canon – **losa li tèènda**
Captif **Nkoli**
Prendre quelqu'un en captivité – **ku buila nkoli**
Caractère, habitude **Tchifu** (veut dire aussi : *mortier*)
Caravane **(li) Zanza.**
Caresser, cajoler **Ku lènga**

Carpe	d'eau douce : **Tchiala** ---de mer : **tchi kuata**
Conter,narrer, coudre.	**Ku ta**

D

D'abord	**Li ntète** *La première des choses à faire* - **li ntète li ku vanga**
Dame	**Kame**
Dame-jeanne	**Zane**
Danger	**Sumbula, fe bi**
Dans	**Mu, mu kati, ku kati**
Danse	**Tina**
Débat	**(bu) Nzonzi / ku téta liambu**
Déboiser	**(ku) Sola / ku bunda mi ti**
Débouche, ouvre	**Zibula** *décapsuleur (ouvre-bière)* – **zibulatère**
Débris	**(bi) Bènga, bi séléténi**
Décéder	**Ku mana moni, ku fwa, ku kamba** (*humain*)
Déchirer	**Bènza, / un' bènzi bakala** *un adolescent*
Déclarer, dire	**(ku) Kamba**
Dédaigner	**Ku bayi** ***expression*** : *je l'ai dédaigné* – **I be bayi**
Défaut	**Tchifu tchi bi**
Défoncer	**Ku lusa**
Défunt	**Lu fundu, n'totila, vumbi (fuili :** ***veuf*****)**
Dégrafer, décliner	**Ku kutula, ku tatula, kuakéni**
Dehors	**Ku nganda**
De là, au-delà	**Ku mbusa nani / a kuna**
Délégué	**Tchi lumbi**
Délibérer	**kuènda fundu, ku tchiènza mambu**
Demander	**Ku liinda**
Doute	**Mpaka**

E

Eau	**Masi, un'langu** *eau de pluie* – **masi mu nvula** *donne-moi de l'eau* - **mpani masi**
Ebranler	**Ku ni kuna**
Ecaille (poisson)	**Li kua (sing.), me kua (pl.)** *écailler un poisson* – **ku komba m'aku ma li tongo**
Echelle (grimper)	**Tchi kaada**
Eclair	**(lu) Sièmo**
Ecole	**Tchi kola, nzo nkanda**
Ecouler	**Kuwa**
Ecrire	**ku sonika** *écriture* – **lu sonikinu**
Ecrivain	**(un') Soniki, tchi sona un'kanda**
Education	**Kolika**
Egalité	**Dèdè ; bu**
Egarer	**Zimbila**
Elever (un animal)	**Ku tuilu, konzola**
Eloigner	**Kuakani**
Embellir	**(ku) Niéfisia**
Embrasser	**Ku bumbekena, ku fifa li toolo**
Emigrer	**Kuenda ku n'ka, kuenda ku sin'ka**
Emplir	**Wasi**
Emporter	**(ku) Nata, ku nata tchi nanu**
Emprisonner	**Sia mu pèlèso**
En	**Mu, ku**
Enceinte (grossesse)	**Mu tchi vumu, mu bwèba** (plus respectueux)
Energie	**Nkani, me ngolo**
Enfance	**Bu bwabwana**
Enfin	**I vangi, avangi**

F

Fable	**Nongo** *dire un conte* – **ku ta noongo** *Fabriquer, faire* – **ku vanga**
Face	**Busu**

Fâcher (se)	**Ku dasuka, ku mona fiti** (voir la colère)
Fagot (charge)	**Funa**
Faim	**Nzala nzala ia ku Ntaata**
Fainéant	**M'olo**
Famille	**Kanda li** ---(sing.) **me**—(pl.)
Femelle, femme	**Tchièto**
Fendre	**Ku benza**
Fenêtre	**Nèla**
Fer	**Bu tali**
Fermer	**Ku zibika**
Féroce, férocité	**Bu balu, nkani**
Festin	**Nkangulu nène, un' vita néne**
Fête	**Kundji, un'sangu niénzi**
Fétiche	**Nkisi, bi longo**
Féticheur	**Nganga**
Feu	**Mbaasu** ; *feu (défunt)*
Fier	**Lu nangu**
Figure	**Tchiini, busu**
Filet	**Ntchiiti**
Fille	**Tchi lési tchi tchièto**
Fils	**Muana**
Fin	**Siitu, suka, sina**
Fiole	**(tchi) Bulika**
Flairer (sentir)	**Ku fimba, ku fimbul**

G

Gage	**Tchiifi**
	Donne-moi un gage – **m'pandica tchiifi**
Gagner	**Ku baka, ku tambula**
Gai	**Kéili yandzi** / gaieté – **li yandzi**
Gain	**Mbaka**
Gamin	**Muane u tchiétchi, tchi mwamwana**
Gare !	**Kèba! kèbanu !**
Gargoulette	**(un') Kèse mi** --- (pl.)
Gaspiller	**Vusia**
Gâteau d'arachide	**Tchi sulu tchi mpinda, gatu**
Gâté, pourri	**Bola, ku diifa**
Gauche	**Tchiènto, lu moso**
Gazelle	**Sèse** *(un animal rusé)*

Gémir	**Saamba, kuaaye**
Généreux	**N'kabi, mutu un boti**
Gens	**Baatu**
Germer	**Ku mèna, ku duvula**
Gifle	**Mbata si** ---(pl.)
Glisser	**Viatuka, kwènde n'tènéné, ku télèmuka**
Gloire	**(lu) Vumu** / *glorieux* – **u vuma**
Glorifier	**Vumisia**
Gorge	**(tchi) Kongolo**
Goût	**Lufu**
Goûter	**Ku tota**
Goutte	**(li) Béti me --** (pl.)
Goutter	**(ku) Dola, ku doka**

H

Habileté	**Bu nghèle**
Habillement	**Un' vuatu**
Habiller	**Ku vuika,** (quelqu'un d'autre) **ku vwata** (soi-même)
Habiter	**ku kala**
Haine	**Lu lèèndu** / *haï*r – **ku lènda**
Halo	**Mbumba**
Hameçon	**Nzolo**
Hanche	**Li soko**
Hareng	**(li) Sundji**
Haricot	**Dèso**
Harmonium	**Sabi tchi nganga.**
Hasarder, essayer	**Kuélika**
Hautain	**Lu nangu, lu kuaii**
Herbe	**(bi) Titi**
Hérisson	**Sibisi**
Héritage	**Li fua**
Heurter	**Ku bula, doda ntut**
Hideux, laid	**Difa**
Histoire	**Samu, me vanga be kulutu**
Hollandais	**Landasi**
Honte	**Soni**
Hôpital	**Tchi pitadi, lu pidadi**
Houe	**Sèngo**

Huile	**Zéte, me futa**
Huître	**(me) Tanzi**
Humide	**Bola, tchi kambu kuma**

I

Idée, pensée	**Mbalulu**
Idole	**Nduda ; nkosi**
Iguane	**M'bambi**
Imiter	**Ku kukululu**
Immédiatement	**Ntèle-ntèla, nti-ntinu**
Immerger	**Ku bondika, ku buika mu masi**
Immobile	**Sikama**
Immondices	**Sodo, susi**
Immortalité	**Nkalilila**
Impertinence	**Un' sabu**
Implorer	**Ku samba, ku bèka**
Important	**Un' samu nène, ma néné**
Importer	**Ku nata, ku vékila, ku tuma biima ku'ka**
Impossible !	**Ku podi vè !**
Imprécation	**Tchi bangu**
Imprévu (brutal)	**Tchi mpingu, ku zimbukula**
Impudique	**Ndumba**
Inconnu	**Mu éni, b'éni**
Incroyable	**Tchi maka**
Indifférent (cela m'est indifférent)	**I lwaka**
Indocile	**Ké i bu mangu**
Indolent	**M'olo, u kambu u vingu**
Inégal	**U sokana**
Infirme (paralytique)	**Tchi kata**
Informer	**Lubula**
Inhumer	**Ku zika, ku sindikila**

J

Jadis	**Mu bi lumbu bina, n'tangu si vioke, n'tangu si naa…**
Jalousie	**Un'sotchi**
Jamais	**Sabi, sabi-sabi, moniko**
Jaune	**Saka, mwabe un'lolo**
Javelot (sagaie)	**Li onga**
Jeter	**(ku) Laka**
Jeu	**Sakunu** / jouet – **sakununu**
Jeune homme	**Tchi lési tchi bakala, un' bènzi bakala** **Tchi lési tchi bakala**
Joli	**Nièfa**
Joue	**(li) Tama, (li) tolo**
Jouer	**Ku sakana**
Juge	**Nzonzi**
Juger	**Ku lèfa pèsa, ku sambesi**

K

Kyste	**(tchi) Vuma**

L

Labeur	**(tchi) Salu**
Labyrinthe	**Dunga, ku dunga :** *se perdre (comme dans un labyrinthe)*
Lac	**(li) Yanga**
Lamentation	**N' lundji**
Langage	**Ntubulu**
Lapin	**(tchi) Kwéi**
Large	**Kuangila**
Larme	**Suèla**
Latrines	**Kasini, bakasa, n'zo n'thétché**
Laver	**Ku sukula**
Loi	**N'kaka**
Lettre (d'alphabet)	**Tchisono**
Lettre – (missive)	**(un') kanda**

M

Machette	**Nkwati**
Machine	**Makini** / *la machine s'est détraquée* – **makini ku bi liata mpé**
Magasin	**Ma gaza, siopu**
Mai (mois)	**Mewalala**
Main	**(k') Oko** (sing), **(mi') oko** (pl.) / *tends les mains* **Tamba mi'oko**
Maison	**Nzo** (sing.), **si nzo** (pl.)
Maître	**Fumu**
Mal	**Mbi,** / *c'est mal* – **bu mbi**
	Tata, / *j'ai mal à la tête* – **un'tu ku tate.**
Malade	**Tchiènzo** / *il est bien malade* – **nandi tchiènzo bène**
Maladroit	**Wusu-wusu**
Mâle	**Mbakala**
Malédiction	**Lu sifu, me nionzi**
Malice	**Lubuka,** .*Malicieux* – **u lubuka**
Malpropre (sale)	**Susi**
Maman	**Maama**
Mamelle	**(li) Bène, me** --- (pl.)
Manger	**Ku lia**
Manguier	**Un' manga**
Manie	**Ntèko**
Manière	**Mpila** / *manière de parler* – **ntubulu**
Marais, Marécage	**Ngabu :** origine du mot Gabon / *traverser les marais* – **ku sabuka ngabu**
Marchandise	**Bi tanda, bi ku sumbisi**
Marche	**Ndiatulu, liata, nièndulu**
Marché	**Tchi tanda**
Mari	**(un') Nuni be** --- (pl.)
Mariage	**(li) Kuèla** (sing.), **ma kuèla** (pl.)
Marmite	**Nzungu**
Marque	**Sona, m'vila**
Marraine	**Nguli i batèmu** *marraine / parrain* – **li sia li batèmu**
Me (moi)	**Miinu**
Médecin	**Nganga bi longo, dotolo**
Médicament	**(tchi) Logo** (sing.), **bi logo** (pl.)

Mer	**Mbu**
Mesurer	**Ku zonga**
Mesure	**Tchi élo**
Mettre	**Ku tula**
Monstre	**Tchi sifi, tchi tomi**
Mont	**M'ongo (sing.), mi ongo** (pl.)
Montre(une)	**Lalonzi**
Moquer (se)	**Ku sèfila / ku bake un' béti**
Morceau	**Tchi tini**
	tchi tini tchi mpa, *un morceau de pain*
Mordre	**Tèbila**
	qui t'a mordu ? – **na u ku tèbila ?**
Mort	**Lufwa**
Morve	**(li) Bombo, tchi suasu**
Mot	**Tchi kuma** (sing.) **bi---** (pl.)
Moustique	**(lu) Bu** (sing.), **si bu** (pl.)
Muet	**(li) Baba ; me --** (pl.)
Multiplier	**Ku funisi, ku fula, ku butesi**
Mur	**(tchi) baka**
Mûr	**Yèla, ku bènga**

N

Nager	**Ku suka**
Nageoire	**Lu sanghiti**
	nageoire de requin : **likubu lu dukudaka**
Nain	**Tchi kuindi** (terme péjoratif) en général on dit **tchikufi** : *personne de petite taille ou encore* **tchikukufi**
Naissance	**Lu butuku**
Narine	**Mwayi ylu** (littéralement : *ouverture de nez)* **Miayi ylu** (pl.)
Nasse	**Ndika**
Natif	**U butulu, mbutu si / mi m'butu si Dioso**
Natte	**Tchi tèf**
Ne :	**.. Ko.. /**
	je ne sais pas **I sié zaba ko – ku vé**
Négoce	**(lu) Ngosu**
Négociant	**Munga lu ngosu**
Nègre	**Un'fioti /** *Négresse-* **tchièntu un'fioti**

Net	**Yongolo**
Nettoyer	**Limpa, ku sukula**
Nez	**Li ylu** (sing.) **me** – (pl.)
Nid	**(li) Anzi, manzi** (pl.)
Nier	**Ku tuna**
Noir	**Nfioti** / **Mpindi** (quelqu'un qui a un joli teint noir d'ébène), **bu mpindi**
Noix de palme	**Ngasi**
Noisette	**Nkumunu**

O

Obéir	**Ku lènvuka**
Obéissance	**Lenvo, bu lènvu**
Obèse	**U vonga, u tola,unèna, danwu**
Obscène	**Bu Safu**
Obscur	**Tchi tombi**
Obstacle, difficulté	**Bi ndékéni, si mpasi**
Océan	**Mbu** / *traverser la mer* **Sabuka un'bu**
Odeur	**Fimbu:** *une très bonne odeur* (d'un parfum par exemple) **un'nuku:** *toute sorte d'odeur* **doku:** *odeur nauséabonde*
Œil	**Li èso** (sing.), **mèso** (pl.)
Œuf	**Li atchi** (sing.) **matchi** (pl.)
Offense	**Me bundukulu**
Offenser	**Ku bundula**
Office	**Mpangu, nzo bi salu**
Officier	**Nkaka ma sodadi**
Oignon	**Sabola**
Oindre	**(ku) Vinda, ku sila**
Oisif	**M'o lo**
Oisiveté	**Bolo**
On	**Ba**/ *on dit que* – **ba tuba iti, baati**
Oncle	**Ma nkasi**
Ongle	**Ngongolo (lu)**
Opprimer	**Ku vanga si mpasi**
Or	**Avangi, avangi obo**

Or (métal)	**Wola**
Orange	**(li) Lalanzi**
Ordure	**Sodo**
	li yala *poubelle*
Oreille	**Kutu** (sing.), **matu** (pl.)
Orner (parer)	**Bamba, tchibamba**
Orphelin	**Siana** /
	Fils unique – **mwana siana**
Orteil	**Lu zala lu kula**
Os	**Un'vési**
Où	**Fama, fana féké**
Oubli	**Luiba** /
	j'ai eu un oubli – **I a fua luiba**
Oui	**ê, Nghété**
Outil	**Tchi salulu**
Outrager	**Finga**
Ouvert	**Zibuka**
Ouvrir	**Ku zibula**
Ouvrier	**Nghèle**

P

Pagayer	**Ku sambila, ku vuila**
Pagne	**(un') Lèle**
Paie	**Futa**
Paille	**Kunza (si) lu —** (sing.)
Pain	**(li) Mpa me---** (pl.)
Paix	**Sika**
Palme	**(lu) Djiènvo**
Palmier	**Li ba**
Panache	**Kongo, bisobi**
Pandanus	**Fubu**
Pantalon	**Kars**
Parasites	**Si mpitchi**
Parce que	**Tchi bila, abu**
Pardon	**Ma naana** /
	pardon (appuyé) – **manaana maku**
Parenté	**Nguli muèka**
Parfaitement	**Bua b'obo**
Parfum	**Fimbu, yafe**

Pari — **(tchi) Mpia**
faire un pari – **ku taba timpia**
Parler — **Ku tuba**
Parmi — **Mu, mu konga,fe méyi**
Part — **Bu éku ; tchi tigni** (sing.), **bi tigni** (pl.)
Partager — **Ku kaba.** *Partage* – **lu kabu**
Pas — **Ko ; mpe ; vé**
Passage — **(si) Nzila**
Passant — **Zunguni, un' viotchi zinla**
Passer — **Ku vioka**
Patate — **Mbala**
Patte — **Kulu** (sing.), **malu** (pl.), on précise **kulu ku tchi bulu** *-le pied de l'animal*
Pauvre — **Yembi (tchi)** /
pauvreté – **bu yémbi**
Pays — **Si**
Péché — **Sumu**
Peigne — **Tchi sanu**
Peinture — **Dimba,**
mpèmbi : *blanc* / comme la chaux est blanche, on dit **« sianu mpèmbi »**
Pendre — **Ku lélika** / **lélikage :** *danse langoureuse des amoureux*
Pensée — **Mbalulu si --- (pl.)**
Perdre — **Ku zimbisi**
Perdrix — **Gwali** /
mène gwali *aube*
Père — **Tata / tata i ku mbuta** *mon père biologique (qui m'a engendré)*
Perle — **(tchi) Labu**
Permission — **(un') Swa**
Personne — **Muntu** (sing.), **baantu** (pl.)
Peser — **Ku Sisa**
Petit — **Ntchié tchi**
Peu — **Fwati**
Peuple — **Base si, boongo baantu**
Peur — **Boma**
Peut-être — **Kani, buni i mbala**
Phénomène — **(Tchi) maka**
Piège — **(un') Taambu**

Pierre	**(li) Mani**
Piment	**Tchiofo, biasi**
Pincement	**Fwé fwéni (tchi)**
Place	**Tchika, tchi vwandu**
Plage	**(lu) Kuèko**
Planche	**Li baya**
Plaie	**Mbènze**
Plantation	**(si) Sola**
Pleurer	**Ku lila / ku lila ma suèle** : *pleurer* dans le sens de *supplier* (sans pleurer)
Plomb	**Tchi umbu (métal)** **si siata** (plomb de cartouche)
Pluie	**Nvula**
Plume	**Lu sala mi — (pl.)**
Plusieurs	**Mpapa**
Poids	**(li) Zita**
Poisson	**Mbisi mbu ; fu**
Poitrine	**Tima**
Poivre	**Vofo**
Pont	**Tchi kaada**
Porc-épic	**Ngu:mba**
Pot	**Mbungu**
Poudre	**Si fula (pl.)**
Poule	**Susu**
Poumon	**Ma safi**
Pourri	**Bola**
Premier	**Ntète**
Préparer	**Bélika** *(apprêter)*, **ku laamba** (*cuisiner*)
Présent - être	**Ku takusena**
Presse	**Biètula (tchi)**
Prêter	**Ku sombisi**
Prêtre	**Nganga nzambi, un' pèlo**
Prière	**(un') Sambu**

Q

Qualité	**Tchifu ti boti** (sing.), **bi fu bi boti** (pl.)
Quand	**Tchi lumbu mbiti**
Que	**Mbiti, ti** *Je te dis que…* - **I ku kamba ti**

Quel	**Nani**
Quelconque	**Wosu ku** (*personne*) **tchiosuku** (chose)
	Bosuku (pl.) --- **biosuku** (pl.)
Querelle	**(un') Zingu** / *la bagarre*
Questionner	**Kufula**
Queue	**Un'tchila**
Quoi	**Tchima mbitchi**

R

Rabattre	**Ku vutula fe si**
Raison	**Bala n'dundji** /
	Il a raison : **na u nlunge**
	Il a tort: **na u m'bèla**
Rallumer	**Ku lunga**
Ranger	**Ku lulika**
Raser	**Ku zaka** *rasoir–* **(li) samba**
Rassasier (se)	**Kukutu** /
	Je suis rassasié – **I a kukutu**
Rat	**Mpuku**
Reconduire	**Ku vékisia**
Refouler	**Ku sindikila, Ku vutula :** *rendre*
(avec violence, en poussant)	**Ku kula :** *chasser*
Refroidir	**Ku vosi mbasu**
Rein	**Tchièto** (lu)
Remède	**Longo (tchi)**
Remercier	**Ku tonda**
Remplacer	**Ku vindji**
Remplir	**Ku wasi**
Rendre	**Ku vutula**
Répandre	**Ku dukula**
Repos	**Vunda**
Réprimande	**Me sembo**
Résine	**Mènga me nti, make me n'ti**
Respect	**Lu tchiinzu**
Respiration	**M'vumuku**
Rêve	**Ndosi**
Revenir	**Ku vutuka**
Rhinocéros	**Tchi mbugu**

Riche, richesse	**(bu) Sina** *un riche* **tchi sina**
Rire	**Ku séfa li sèfo:** ***un rir***
Rivière	**Mu' ila**
Roche, rocher	**(li) Mani**
Roi	**Fumu**
Route	**Nzila**
Rue	**Luwa**
Rusé	**Lubuka, u wale lièla**

S

Sable	**(tchi) Senghénini**
Sac	**Saku**
Saint	**Santu**
Sale	**Susi**
Salive	**Li ata ; m'ata**
Sang	**Menga**
Sanglier	**Ngulubu**
Sans	**Kambu**
Santé	**Molo, bitu bi kuma – mbui ?**
Saoul	**U kolo. Ku kolo** (v)
	tchi kolu me lafu : *saoulard*
Saumâtre	**Nkali**
Sauter	**Ku yanga** /
	saut – **ku taka, nyangulu**
Sauver (séparer)	**Kakula**
Savoir	**Ku zaba**
Sec	**U kuma** / *il va bien ?* – **u kuma ?**
	yuma : *sec* **kumesi** : *faire sécher*
Sécheresse	**Tchi kanda**
Secret	**Fundu**
Sein	**Li bène**
Sel	**Salu**
Semblable	**U fuana i**
Séparer	**Kuakana**
Serment	**Mpèsa**
Serpent	**Nioka**
Serrer	**Ku fièta ; ku bièta**
Serviette	**Twaya**
Siège	**M'boloko, tchivwandu**

Sifflement	**Luta ; ku sika luta**
Signe	**Tchi limbu**
Sincère	**Tchiélika**
Soif	**Mpuila**
Sol	**Un'toto**
Solide	**Tchinda**
Sommeil	**Tolo**
Son (voix)	**Mbémbo**
Sorcier	**Nganga** (*le féticheur qui soigne*) **ndotchi** (*le sorcier qui fait du mal de façon maléfique)*
Soustraire	**Ku botula**
Spectre	**Niumba (tchi), tchi bindi**
Squelette	**Mboongolo**
Stature (statut)	**N'tati**
Surprise	**Tchi maka !**

T

Tabac	**Sunga**
Table	**Mèsa**
Tableau	**Ntumbu**
Taille	**N'téla**
Tailleur	**Fayèta**
Talon	**Kobi (tchi)**
Tam-tam	**Ndungu, ngoma**
Tandis que	**Abu**
Tante	**Mame i ti lési** (*petite maman*) **mame i kulutu** (*grande sœur de maman)*
Tantôt	**Mulooko, musooko**
Tapoter	**Dooda**
Tard	**Ku mbusa** **m'pape bwilu:** *tard dans la nuit*
Tas	**Tchi kundu**
Te	**Djéi**
Temps	**Ntangu**
Tenir	**Simba**
Tenue	**(lu) Situ**
Terrain (parcelle)	**Tchi bw**
Tire-bouchon	**Tongunu (tchi), tchi zibulu**

Tison	**Tchi sisi.**
Tissu,tissage, tisserand	**(lu) Bwanga, léli**
Toit	**Mu anza** (sing.), **mi anza** (pl.)
Tôle	**Tchi sasa** (sing.) **bi sasa** (pl.)
Tolérer	**Ku lèmbo, ku lèvukula**
Tomber	**Ku bua**
Tonnerre	**Duma, nzasi**
Toque	**Ngundu**
Tort	**M'bèsi, na u bèla**
Torture	**Ma sèko**
Tôt	**Ntéla-ntéla / mène i mènèè***: tôt le matin*
Toujours	**Kadi tchi lumbu**
Tour (édifice)	**Sumbu.**
Tous	**Ba b'osso**
Tousser	**Ku kosula**
Toutefois	**Kasi**
Trahir	**Ku sumbesi**
Tranquillité	**Luvofo**
Transformer	**Balula**
Transmettre	**Vana**
Transparent	**Vèya-vèya twenkèn**
Travail	**Tchi salu** / *travailler* – **ku sala**
Très	**Bèni**
Tribut	**Mpaku**
Trône	**Mbokolo**
Trop	**Indji, bindji**
Trou	**(li) Bulu** (sing.)
Tuer	**Ku vonda**
Tumeur	**Vuma (tchi), li voola**

V

Va	**Yenda**
Va-et-vient	**Kuenda-kuisa**
Vague	**(li) Yo**
Valeur	**Lu vunu, lu baku**
Vautour	**Nunvu**
Veiller	**Ku moka, ku kèèla**
Veine	**Lu sila si** --- (pl.)

Vent	**Mpèmo**
Ventre	**Vumu (tchi)**
Verre	**Kôpo**
Versant	**Nkonzo m'ongo /**
	colonne vertébrale – **un'ngongo busa**
Vêtement	**Nvuatu**
Vêtir	**Ku vuika, ku vwata**
Veuf, veuve	**Un' fuili**
Vexer	**Ku saka, ku sake biamu**
	Provoquer : **ku kade fiti**
Viande	**Mbisi**
Vide	**M'pafala**
Vider	**Ku mana**
Vie	**Lu ziingu.**
	ku ziinga *vivre longtemps*
Vieux	**Tchi nunu. /**
	Li kakata, terme plus respectueux
Veiller	**Ku lunga /**
	veillée mortuaire: **ngande mvumbi**
Village	**Bwala** (sing.), **m'ala** (pl.)
Vin	**Vini**
Visage	**Tchiini**
Viser	**Ku suinga**
Visite	**Bandulu**
Vite	**Ntinu, liata**
Voici	**Ma ! Bonga !**
Vœux	**Lu kaniu ; tu kaniu**
Voir	**Ku mona**

ORGANISMES CONCERNES PAR L'ETUDE DU VILI

1/ ORSTOM ou IRD
Service central de Documentation
70-74 route d'Aulnay
93140 BONDY (France)

Bibliothèque de l'ORSTOM
24 rue Bayard
75008 PARIS

2/ Coordination du Programme Culturel
Régional Bantu
B.P. 321 Libreville - GABON

3 / AESCO Service Central de Documentation
B.P. 61
45750 St-Pryvé /St-Mesmin
FRANCE
E-mail : information.aesco@wanadoo.fr
Site: www.aesco.org

4 / ILALOK Institut des Langues Locales au Kouilou
B.P. 1331 - Pointe-Noire –
CONGO-BRAZZAVILLE
Tél. : (00 242) 94.13.58

5 / Direction Régionale de la Culture
et des Arts au Kouilou
B.P 1225 - Pointe-Noire
CONGO-BRAZZAVILLE

BIBLIOGRAPHIE

- *Autour du Loango XIV°s-XIXe s*
  Anne MERLET
  Centre Culturel Français Saint Exupéry-SEPIA

- *Histoire générale de l'Afrique-Noire*
  Des origines à 1800 - Presses Universitaires de France

- *Les fondements spirituels du pouvoir au royaume de Loango*
  République du Congo, ORSTOM- Paris - 1973
  Franck HAGENBUCHER- SACRIPANTI

- *Proverbes et dictons du Loango en Afrique centrale*
  Langue, Culture et Société
  Tome 1 et 2 Bajag- Béri
  René MAVOUNGOU PAMBOU

- *Les Bantu*
  Langues, peuples, civilisations – Présence Africaine
  Théophile OBENGA

- *Les Atlas de l'Afrique – CONGO*
  Les éditions Jeune Afrique

- *Onomatopées, interjections et adverbes Vili*
  Document 1988, ORSTOM
  Jean DELLO

- *Jeune Afrique*
  Grand Atlas

- *AMDG- Français-Vili Loango 1912*
  Pierre-Christophe MARICHELLE

- *Le guide du Musée Ma Loango*
  Joseph KIMFOKO MADOUNGOU

- *La vie quotidienne au royaume de Kongo du 16°S au 18°S*
Georges BALANDIER

Site internet : "http://www.sil.org/ethnologue/countries/congo"

- *Grammaire* – Cours pour tous – Hachette

- *A la découverte de notre langue 6°*
Magnard – collège

- *Savoir le Français 6° - Exercices*
Danielle LEEMAN - Larousse

- *Manipulation de grammaire nouvelle*
6° / 5° Exercices
A.Baguette et R.Frankard

- J.et S.Guion O.R.T.H. 4°
Apprendre l'orthographe
Sermap- Hatier

- Encyclopédie *Encarta*

SOURCES DES INFORMATIONS DE LA TRADITION ORALE ET DES ILLUSTRATIONS

Gaston LOEMBE-SAUTHAT
Jean LOEMBE-SAUTHAT
Virginie SAUTHAT- LOEMBE
André Jean-Claude LOEMBE
Abbé BOUANGA

Illustrations : Le palmier. G. Loëmbe
La main aux sept étoiles. G. Loëmbe
Les tam-tams. A.J.C. & G. Loëmbe
Collaboration: Marcel-André Loëmbe, M. Chamaillard
J. Pena, P. Motiron, F. Maurin, M. Evina

TABLE DES MATIERES

Méthodes de langues
à l'Harmattan

COMPRENDRE - S'EXPRIMER- LIRE- ECRIRE
Bases orales et écrites du français pour adultes francophones et non-francophones
COSTES - LE GUET Marie Madeleine, BORGAT Monique
illustrations de Valerie Benzbir
Cet ouvrage s'adresse aux adultes et aux jeunes peu ou pas scolarisés pour l'acquisition des connaissances de bases en français, à l'oral et à l'écrit. Six séquences progressives sont construites autour d'un dialogue illustré.
Les illustrations permettent de saisir rapidement les situations et facilitent la compréhension des dialogues et l'accès au sens. Le contact avec la langue, les structures de phrases et l'expression orale conduisent à un enrichissement du vocabulaire et à une communication plus aisée.
(18 €, 106 p) *ISBN 2-7475-6835-0*

EXERCICES DE SWAHILI POUR DÉBUTANTS
Corrigés des exercices
RACINE-ISSA Odile
Le swahili est une des langues les plus parlées d'Afrique. Apparu vers le Xe siècle, le swahili standard a été défini au début du XXe siècle, il est devenu la langue officielle du Kenya et de la Tanzanie. Langue bantu, il partage des caractéristiques communes avec un grand nombre de langues situées au sud d'une ligne allant du Cameroun au Kenya. Un ouvrage pour s'exercer avec les difficultés de cette langue de façon autonome.
Ce volume complète et corrige le volume paru précédemment " EXERCICES DE SWAHILI " (10.70 €, ISBN 2-7475-4426-1)
(8 €, 44 p) *ISBN 2-7475-6305-7*

MANUEL DE CONJUGAISON DU TACHELHIT
(Langue berbère du Maroc)
BOUMALK Abdallah
La partie centrale de ce manuel est constituée de tableaux de conjugaison. Outre le chapitre introducteur qui décrit le système d'écriture et le verbe en tachelhit, le manuel est composé de trois index alphabétiques avec des renvois systématiques aux tableaux. Le premier fournit les thèmes de l'aoriste intensif des verbes. Les deux autres se présentent sous la forme de glossaires tachelhit-français et français-tachelhit.
(Coll. Tira-Langues, littératures et civilisations berbères, 22,20 €, 264 p)
ISBN 2-7475-5527-5

PARLONS AFAR. Langue et culture
KAMIL Mohamed Hassan
On se souvient que l'appellation coloniale de la République de Djibouti a été Territoire des Afars et des Issas. Cependant, les Afar habitent trois pays de la Corne

de l'Afrique : Djibouti, l'Ethiopie et l'Erythrée. Cet ouvrage vous permettra de faire connaissance avec le peuple afar, de vous initier à sa langue, d'apprendre à vous exprimer dans des situations quotidiennes simples et de connaître les aspects les plus originaux de sa culture. On y trouve un lexique de 1000 mots dans le sens Afar / Français et 500 dans le sens Français / Afar

(Coll. Parlons..., 18.50 €, 208 p) *ISBN 2-7475-6824-5*

K7 Parlons Afar, 11.90 € *ISBN 2-7475-6458-4*

PARLONS BAOULÉ

Langue et culture de Côte d'Ivoire

KOUADIO N'GUESSAN Jérémie, KOUAME Kouakou

Les Baoulé constituent l'une des ethnies les plus connues de Côte d'Ivoire. Cet ouvrage est conçu pour faire connaître à un large public la langue et la culture du peuple baoulé. La première partie est consacrée aux données sur l'alphabet, la prononciation et la syntaxe. La deuxième partie contient de précieuses informations sur la vie sociale et les traditions culturelles des Baoulé, ainsi que des éléments de conversation courante. Ces deux parties sont complétées par un lexique baoulé-français et un lexique français-baoulé.

(Coll. Parlons, 17,50 €, 198 p) *ISBN 2-7475-6957-8*

PARLONS BÉTÉ

Une langue de Côte d'Ivoire

ZOGBO Raymond Gnoléba

Le bété est, au sein du groupe kru, la langue la plus importante. Le bété est parlé par environ 800 000 locuteurs originaires du centre-Ouest de la Côté d'Ivoire. Les principales villes de la zone sont : Daloa, Gagnoa, Soubré, Issia, Ouragahio, Guibéroua, Saïoua. Le bété fait partie des langues ivoiriennes qui sont enseignées dans l'école formelle et dans les programmes d'alphabétisation. Comme les autres ouvrages de la collection, Parlons bété présente non seulement une description de la langue et des éléments de conversation courante, mais également de nombreuses données sur la culture de ce peuple.

(Coll. Parlons..., 21 €, 240 p) *ISBN 2-7475-7300-1*

PARLONS CEBUANO (PHILIPPINES)

POTTIER-QUIROLGICO Marina

Les Philippines font partie de l'Asie du Sud-Est. A la lisière de la mer de Chine, sept mille cent îles composent cet archipel, dont 2000 sont à peine habitées. Langue maternelle d'environ 28 millions de Philippins (soit 34 % de la population), le cebuano-binisayà est parlé à Cebu, Negros, Leyte et dans la partie septentrionale de Mindanao. Le nombre d'emprunts espagnols est beaucoup plus important en cebuano-binisayà, que dans le tagalog ou d'autres langues et dialectes des Philippines, puisque c'est dans les Visayas que se sont d'abord installés les Conquistadores.

(Coll. Parlons, 19 €, 208 p) *ISBN 2-7475-5811-8*

PARLONS ÉWÉ. Langue du Togo

RONGIER Jacques

L'éwé appartient au groupe de langues kwa de la grande famille négro-africaine Niger-Congo. Il est parlé par plus de 7 millions et demi de personnes, au Togo, au

Sud-Est du Ghana et au Bénin par quelques ethnies. L'éwé est écrit depuis 1848, et la littérature éwé est aujourd'hui loin d'être négligeable. Une importante partie est consacrée à la description de la langue, au vocabulaire et à la conversation courante. Une autre partie aborde l'histoire et la culture du peuple éwé, et l'ouvrage est complété par un lexique éwé-français.

(Coll. Parlons, 30 €, 382 p) *ISBN 2-7475-7376-1*

PARLONS KIRGHIZ

Manuel de langue, orature et littérature kirghizes

DOR Rémy

La langue kirghiz appartient à la famille türke des langues ouralo-altaïques. Elle est attestée à date ancienne dans des inscriptions épigraphiques dites "runiques" (IXe siècle). Les Kirghiz sont célébrés pour leur riche orature et particulièrement l'épopée de Manas, fresque gigantesque (plus de 20 fois le volume de l'Illyiade et l'Odyssée) qui constitue l'encyclopédie de la nation kirghize. La littérature kirghize est dominée par la figure charismatique de Tchinguiz Aitmatov.

- ce volume est accompagné d'une cassette -

(Coll. Parlons..., 48 €, 615 p) *ISBN 2-7475-6460-6*

k7, 11.90 € *ISBN 2-7475-6372-3*

PARLONS KOUMYK

(Daghestan)

DONIYOROVA Soadat, QAHRAMONIL Toshtemirov

On compte encore aujourd'hui au Daghestan - République autonome de la Fédération de Russie - une trentaine de langues appartenant à trois groupes linguistiques distincts (turc, indo-européen et caucasien du Nord-Est). Le koumyk est la langue du groupe turc la plus importante du Daghestan. Comme dans les autres ouvrages de la collection, on y trouve un rappel des données historiques, une description de la langue, les éléments de base de la conversation courante, les faits saillants de la culture ainsi que des lexiques.

(Coll. Parlons, 16 €, 179 p) *ISBN 2-7475-6447-9*

PARLONS LETTON

PETIT Justyna, PETIT Daniel

Il n'existe que très peu d'ouvrages en langue française sur la Lettonie (l'un des trois pays Baltes) et pratiquement aucun sur la langue lettone. L'objet du présent ouvrage vise à combler cette absence, en proposant à tous ceux qui s'intéressent aux choses d'ailleurs une introduction à la culture et à la langue lettones, suivie d'une grammaire, d'un guide de conversation et d'un lexique d'environ 4000 mots.

(Coll. Parlons..., 24.20 €, 284 p) *ISBN 2-7475-5910-6*

PARLONS LUXEMBOURGEOIS

Langue et culture linguistique d'un petit pays au cœur de l'Europe

SCHANEN François

Parlons luxembourgeois est une synthèse, la première du genre, consacrée à la langue luxembourgeoise. Celle-ci est la langue nationale du Grand-Duché de Luxembourg, qui peine cependant à la faire reconnaître comme son enfant légitime, car ce petit pays est officiellement, par l'histoire et par nécessité, multilingue. Pour comprendre une telle situation, l'ouvrage présente en introduction diverses balises concernant l'histoire

et la vie du Grand-Duché. Quant à la langue elle-même, elle fait l'objet de 3 parties: une grammaire, des expressions et textes de la vie quotidienne et un dictionnaire.
(Coll. Parlons..., 31 €, 376 p) *ISBN 2-7475-6289-1*

PARLONS MINANGKABAU
Sumatra
REIBAUD Rusmidar
Le minangkabau est la langue parlée par l'ethnie du même nom à Sumatra en Indonésie. Elle se distingue des autres ethnies d'Indonésie par la filiation matrilinéaire. Les enfants appartiennent à la famille maternelle de leur mère. L'héritage se transmet de mère en fille. Cette particularité perdure, bien que les Minangkabau soient connus comme des musulmans pratiquants. C'est la plus grande communauté appliquant encore la filiation matrilinéaire dans le monde. On estime à environ huit millions le nombre des Minangkabau, dont presque la moitié vivent en diaspora.
(Coll. Parlons..., 23 €, 272 p) *ISBN 2-7475-6955-1*

PARLONS MOORÉ
Langue et culture des mossis. Burkina Faso
ZONGO Bernard
Cet ouvrage se propose trois objectifs : faire découvrir un pays, le Burkina Faso; initier à une langue africaine : le mooré, une des trois langues des cultures nationales du Burkina Faso ; établir un dialogue des cultures en prenant comme matrice la culture moaaga. La méthode utilisée cherche à établir une connexion entre les mots de la langue et la charge culturelle qu'ils véhiculent en contextualisant les énoncés. Autrement dit apprendre la langue en la posant à la fois comme fait culturel et social.
(Coll. Parlons, 19 €, 216 p) *ISBN 2-7475-6802-4*

PARLONS OSSETE
ARYS-DJANAIEVA Lora
L'ossète est une langue iranienne parlée au Caucase central par presque un demi-million de locuteurs. L'intérêt croissant que suscite cette langue s'explique par son histoire et ses caractéristiques. L'ossète est le dernier vestige vivant d'une branche de l'iranien qui, dans l'antiquité, regroupait les langues parlées par de grands peuples nomades des steppes d'Europe orientale. Il a donc une valeur de témoignage irremplaçable, d'autant que le relatif isolement, durant des siècles, des Ossètes a permis la conservation dans leur langue et leur culture d'archaïsmes extrêmement précieux pour l'étude de l'ancien monde nomade iranophone.
(Coll. Parlons, 25 €, 288 p) *ISBN 2-7475-6235-2*

PARLONS SOSO
Langue et culture du peuple de la Guinée Maritime
TOURE Aboubacar
La langue soso est l'une des langues véhiculaires de la République de Guinée. Sa connaissance permet d'apporter un éclairage sur la compréhension de certains phénomènes linguistiques liés à l'évolution des langues du groupe mandé, au même titre que le maninka, le bambara, le mandingo, le dyalunka. Le dynamisme de cette langue a amené dès avant l'indépendance, le pouvoir colonial à l'utiliser pour pénétrer tous les peuples de la Guinée Maritime.
(Coll. Parlons, 18 €, 206 p) *ISBN 2-7475-6764-8*

POUR SE PERFECTIONNER EN PERSAN
Improving your persian
SAYAR Homa
Cet ouvrage trilingue est un outil de travail qui s'adresse aux francophones et anglophones qui désirent se perfectionner en persan. Il met l'accent sur certaines difficultés spécifiques à la langue persane et les cinquante textes proposés offrent aux lecteurs un large éventail de vocabulaire relatif à la vie quotidienne, ainsi qu'une connaissance étendue de la culture et des traditions iraniennes. Un livre pour apprendre le persan, mais aussi un support pour connaître et apprécier cette riche culture.
(30 €, 358 p) *ISBN 2-7475-6946-2*

SHORT STORIES
Premières lectures en anglais
BENESH WEINER Marijana, GROUX Dominique
Illustrations de BERHANU Getachew
Voici un livre pour les enfants qui commencent l'apprentissage de l'anglais à l'école ou à la maison. Il vient en complément des méthodes utilisées en classe. Il comprend deux volumes où les difficultés de ces 20 textes y sont progressives. Grâce aux traductions qui sont proposées en français, les lecteurs ne se décourageront pas s'ils ne comprennent pas le sens de certains mots ou de certaines expressions. Ils se référeront alors à la traduction. Ils prendront ainsi l'habitude de lire des textes longs en anglais et ils y trouveront du plaisir. De belles illustrations en couleur égaient ces histoires du monde entier.
Volume 1 *(15 €, 72 p)* *ISBN 2-7475-5813-4*
Volume 2 *(16 €, 97 p)* *ISBN 2-7475-5814-2*

611245 - Juin 2015
Achevé d'imprimer par